FUTURE VISION II
We must have no more partisan fighting.

미래비전 II
더 이상 당파싸움은 안됩니다.

Can you see it?
Intellectuals of mankind!
The world is on fire.
Do you have hope
in the eyes of the people?
Or are you a bystander?
We must move forward together.

보이십니까?
인류의 지식인들이여!
지구촌이 불타고 있습니다.
국민이 바라보는
당신은 희망입니까?
아니면 방관자입니까?
우리는 함께 전진해야 합니다.

Author **Seo Kyung-rye**
서경례 저

Justice Broaden Contents

Seo Kyung-rye

JB Contents Research Institute

Mediator of Suwon High Court
Writer, poem "Our songs"

seu553600@naver.com
Jbcri2020@gmail.com

FUTURE VISION II

Author Seo Kyung-rye
Publisher Seo Kyung-rye
Editor Seo Kyung-rye
Translator Seo Kyung-rye
Publishing Justice Broaden Contents
Publication Date 2024.01.30.
Adress Hicks U Tower A-2402호, 184 Jungang-daero, Giheung-gu Yongin-si, Gyeonggi-do Korea.
Printing Myungjin CNP

Price 33,000won
ISBN 979-11-974750-3-0 04300
ISBN 979-11-974750-7-8 (set)

CONTENTS

Today / 오늘	006~007
Fusion / 융합	008~009
Love / 사랑	010
How to move your opponent / 상대를 움직이는 방법	012~013
Knowing the other person / 상대를 아는 것	014~015
Were we family? / 우리가 가족이던가?	016~017
Principle of yin(-) and yang(+) / 음(-)과 양(+)의 원리	020~021
Large corporations represent the people / 대기업은 국민의 대표	022~023
New laws are slowly coming down / 서서히 새로운 법이 내려옵니다	024
Low birth rate problem(1/32) / 저출산 문제(1/32)	026~028
Hope / 희망	030~031
Difference in thoughts / 생각의 차이	032~033
Low birth rate problem(2/32) / 저출산 문제(2/32)	034~035
People who wandered in search of truth / 진리를 찾아 헤매었던 사람들	036~037
Education / 학벌	038~039
Low birth rate problem(3/32) / 저출산 문제(3/32)	040~041

fun monday / 신나게 월요일	042~044
Low birth rate problem(4/32) / 저출산 문제(4/32)	046~047
Space travel / 우주여행	048~049
Low birth rate problem(5/32~32/32) / 저출산 문제(5/32~32/32)	050~109
The last descendant of social organizations / 종손가는 사회조직	110~111
A virtual image / 느낌의 허상	112~113
To be better than / 친구분들이 잘 되려면	114~115
More and More / 점점	116~117
What should we do for America?(1/2~2/2)	120~121
What can I do for the U.S.A.	123
Why was Bruno burned at the stake?(1/10~10/10) / 브루노는 왜 화형을 당했는가? (1/6~6/6)	124~152
Imagination / 상상 시간	156~157
The story of 100 shepherds(1/3~3/3) / 100마리의 목자 이야기(1/3~3/3)	158~165
The illusion of the prodigals / 탕자들의 착각	166~167
Love is between us first / 사랑은 우리끼리 먼저	168~169
Receiver and giver / 받는 자와 주는 자	170~171
3D industry(1/7~7/7) / 3D업종(1/7~7/7)	172~193
평등이란?	194
Life goal / 삶의 목표	198~199
Revolution / 대변혁	201~202
Change of thinking / 생각의 전환	204
A time of beautiful reversal / 아름다운 역발상의 시대	206~207
부산시장에게 드리는 글(1/6~6/6)	208~218
Endless Competition(1/2~2/2) / 무한 경쟁(1/2~2/2)	220~223
Need to compete to develop? / 경쟁을 해야 발전?	224~225
Self-quarantine(1/5~5/5) / 자가격리(1/5~5/5)	226~237
A mirror-like virtual image and reality(1/6~6/6) / 거울 같은 허상이면서 실체(1/6~6/6)	238~254
After breaking up / 헤어진 후에	258~260
The importance of time / 시간의 중요성	264~266 266
Social responsibility / 사회적 책임	268~270
What should Samsung do for America?(1/15~15/15)	272~300
The sound of fall coming / 가을이 오는 소리	302

Today

The sun of hope shines again today.
Even though this path I am walking is difficult
Even if it's in a forest that's dried up like the coronavirus reality
Even if we are walking in a barren sandy desert
I will lead the way and lead the way.

If that's what I've been given today,
I can just quietly walk through the day,
be grateful, share wisdom, and enjoy the day.

2021.04.23./Seo Kyung-rye/A forest along the road.

Seok○○   This is a good article. Share it^^

Moon ○   A wonderful day, a good day, a happy day

Woo○○   Corona is still holding us back and we can't have hope.
The government and Mr. Seo Gyung-rye must give hope to all
citizens so that they can take off their masks and go about
their daily lives as soon as possible. If the government fails,
Seo Gyung-rye, the famous Facebook figure in South Korea
except North Korea, must personally go to the United States
to obtain a vaccine and distribute the "gift" of "hope" to all citizens.

오늘

다시 희망의 태양이 이글거리네.
걸어가는 이 길이 비록 험난할지라도
코로나 현실처럼 말라버린 숲속일지라도
황량한 모래사막에서 걸어가는 우리들이라 해도
앞장서서 함께하며 길을 안내하렵니다.

그렇게 해야 하는 것이 오늘 주어진 것이라면
묵묵히 하루 걸어가고 감사하게 지혜 나누면서
하루를 즐겁게 가면 될걸

2021.04.23./서경례/길을 따라서 가다 보면 숲속

석OO	좋은 글입니다. 공유합니다^^
문OO	멋진 날·좋은 날·행복한 날
우OO	아직은 코로나 백신이 발목 잡아 희망 잡지를 못합니다. 정부와 서 경례 씨가 전 국민에게 하루빨리 마스크 벗고 일상생활할 수 있는 희망을 주어야 합니다. 정부가 못하면 북한 빼고 남한에서 소문난 페북 일인자인 서 경례 씨가 직접 미국으로, 소련으로 가서 백신 구해 전 국민에게 "희망"의 "선물" 나눠주어야 합니다.

Fusion

In the past, a singer alone could enjoy popularity.
Even if a painter just drew a picture, the picture sold well.
It was a time when photography could only be
recognized as a photo of one's work.

Now is the era of convergence.
Pictures also need stories, great photography and truth
go hand in hand, and humanities books also need design,
so we need to combine our individual talents to create them.

If we work together to create research for the public and
publish it in Korean and English versions as research
that society needs, Bill Gates, Jim Rogers, and participants
in the World Lawyers Conference will also Look at them!

They are people who just hate boring things.
They are not interested in knowledge
of the past that has no substance.

2021.04.23./Seo Kyung-rye/For future visitors

융합

예전엔 가수 혼자서도 인기를 누릴 수 있었지요.
화가도 그림 좀 팔렸지요.
사진도 작품 사진만으로 인정받을 수 있었던 시절입니다.

지금은 융합시대입니다.
그림도 스토리가 필요하고 훌륭한 사진과 진리가 손잡고
인문학 책에도 디자인이 필요하니,

각자의 소질들을 융합해서 함께 공심으로 만들어 가고
사회가 필요한 연구물로도 한글판 영어판으로 내놓으면,
빌 게이츠도 짐 로저스도 세계 변호사 대회 참가자들도
미래 방문자들도 그것들을 본다니까요!!!!

그들은 지루한 것들을 딱 질색하는 사람들
알맹이 없는 과거 지식엔 흥미 없거든요

2021.04.23./서경례/미래 방문자들이 온다면

Love

Something like soft jelly.
Soaking in like a sponge.

What you receive but also want to receive.
Something that has no form but can be felt.

The highest level of energy
What everyone longs for.

2021.05.04./Seo Kyung-rye/Full of love.

사랑

말랑말랑한 젤리같은 것
스펀지처럼 스며드는 것

받으면서도 또 받고 싶은 것
형체 없지만 느껴지는 것

에너지 중에서 가장 차원이 높은 것
모든 이들이 갈망하는 것

2021.05.04./서경례/충만한 사랑

미래비전Ⅱ 011

How to move your opponent

A husband who has been watching each other
for a long time cannot teach her wife
Words cannot change an already established relationship.

Don't be obsessed, stay silent, show respect with
your eyes, and when she asks questions from time to time,
you answer nicely. If this continues to build up,
the other person will eventually change.

Let's put it into practice.
Even just for 100 days

2021.05.05./Seo Kyung-rye/Couple are enemies over each other's debt.

상대를 움직이는 방법

오랜 기간 서로를 지켜본 아내를
이미 굳어진 관계를 말로서 가르칠 수 있거나
변화를 줄 수는 없습니다.

집착 없이 침묵하면서 눈빛으로 존중하면서
그리고 가끔 물을 때 대답을 이쁘게 잘 하면
그것이 계속 쌓여가면

드디어 변해갑니다.
100일 동안만이라도 ㅎㅎ

2021.05.05./서경례/부부는 서로 빚쟁이 원수지간

Knowing the other person

What on earth do you live for?
I live because of you.

It may seem like an indifferent statement,
but the other person is always waiting
for you to support them.
Then let's support the other person.

If you do it mildly, you're a saint, but
if you can't do it yet, you're an ordinary person.

2021.05.05./Seo Kyung-rye/ Knowing the other person

Hong○○   Isn't this the eternal truth? It won't be easy to execute, but…

Furniture○○Choi○○   Sometimes it is harder to change a family than other people.
                    Sometimes it's more difficult

상대를 아는 것

도대체 당신은 뭣 때문에 살어?
나야 당신 때문에 살지.

툭하니 무심한 말인 듯하지만
상대는 항상 자신을 받들어 주기를
기다리고 있답니다.
그러면 받들어 줍시다.

그걸 순하게 하면 도인
아직 못하면 범인

2021.05.05./서경례/ 상대를 아는 것

홍○○	만고의 진리 아닐까요? 실행은 쉽지 않겠지만…
가구○○최○○	때로는 타인보다 가족을 변화시키기가 더 어려울 때도 있지요

Were we family?

Sometimes it is more difficult to change family members than others.

What hurts us and hurts us always comes from relationships with people next to us. People you don't know from far away can just ignore what they say. However, the people next to each other are not just passing by.

Even if couples who live together say nice things to each other, The wife is upset or irritated, and there is no change at all for the children or parents. Why is that so?
Why is it more difficult for family?

To be honest, the people you live with now are not family relationships. It is a cohabitation relationship, a blood relationship, and a marriage relationship, but it is not a family.

What is family?
We are not family just because we live together. We become family when we can have two-way conversations with each other, communicate energy with each other, and live for each other.

That's why it's worth it for a family to give everything for the other person. There are many couples who feel empty even though they have a spouse, think of other things even when they are together, and are ready to leave whenever they find a lover with good conditions. Modern show window couples live out of temporary needs rather than as families.

From now on, we must accurately recognize the concept of family itself. People who are not family members only look at each other from their own perspective and speak from different perspectives, but they do not have the ability to make the other person understand.

Of course, the other person will not accept your words gently. If you think about it, we haven't even bought anything for the other person. We lived out of necessity and contributed nothing to her or her him. Contribution does not mean giving material things. Your real contribution is when you help a person's soul mature.

2021.05.05./Seo Kyung-rye/Are we family?

우리가 가족이던가?

때로는 타인보다 가족을 변화시키기가 더 어려울 때도 있지요.

우리가 상처받고 상처 주는 것 항상 옆 사람 관계부터 파생됩니다. 멀리서 모르는 사람들은 말을 해도 무시해 버리면 그만 그런데 바로 옆 사람끼리는 그냥 스치는 인연이 아닙니다.

같이 사는 부부끼리 상대를 위한 좋은 말을 해도 아내는 시큰둥하거나 짜증 자녀도 자녀 따로 부모 따로 전혀 변화가 없습니다. 왜 그럴까요? 왜 가족인데 더 어려울까요?

답을 드립니다.
여러분들이 지금 같이 사는 사람들과 진실로 말하면 가족관계가 아닙니다.
동거관계이고, 혈연관계이고, 혼인관계이지 가족은 아닌 것입니다.

가족이란?
같이 산다고 가족이 아니고 서로 쌍방 대화가 가능하고 서로 에너지를 소통하면서 상대방을 위해 살아갈 때 그래서 상대를 위해 모든 것을 주어도 아깝지 않을 때 우리는 비로소 가족이 됩니다.

배우자가 있어도 허전하고, 같이 있어도 딴 생각을 하고 좋은 조건의 연인이 생기면 언제든지 떠날 준비를 하는 현대의 쇼윈도 부부들은 가족이라기보다는 한시적 필요에 의해서 사는 것입니다.

이제부터는 가족의 개념 자체를 정확히 인식해야 하고, 가족이 아닌 사람들이 각자 입장에서만 바라보고 동상이몽으로 말하면서도 상대를 이해시킬 능력은 없고

당연히 상대는 순순히 말을 받아들이지 않습니다. 따지고 보면 상대를 위해서 산적도 없어요. 필요해서 살았고, 기여한 바도 없었습니다.
기여는 물질을 말하는 것이 아니고, 사람의 영체가 성숙되도록 도울 때 바로 진정한 기여가 됩니다.

2021.05.05./서경례/우리가 가족이던가?

Furniture○○Choi○○	Even though we are not really family, we may have assumed that we were family and expected to play the role of family. So, currently, it is a cohabitation relationship, a blood relationship, and a marriage relationship. I need to redefine the concept of family, check whether we have done our best as a family, and start with the mindset to become the right family. I learned some really important perspective. Thanks~~~
Seo Kyung-rye Furniture○○Choi○○	**That's right. The wisest thing to do is to practice becoming family to yourself first.**
Furniture○○Choi○○	I reflect on the proverb that enemies in a past life meet as husband and wife in this life, and that a debt from a past life creates a relationship between a couple and their children. I can understand family relationships that are worse than others... Not all family relationships are smooth. Illusion and reality about family relationships. And I need to take a new look at the family relationship I expect, what I contribute to my family, and what my family wants. In addition, it is necessary to look at the dynamics between thinking that I am doing enough for my family and what my family truly wants from me.
Furniture○○Choi○○	The answer is simple. If the current state is not a lovebird, the minimum duty as a family is to reflect a lot first, find the right path, and do my best...
Shin ○○	May is the month of families full of love. In my friendships, rather than looking for a good friend, I will become a true friend myself.

가구○○최○○ 진정한 가족도 아닌데 가족으로 단정하고 가족의 역할을
기대했을 수도 있겠네요 동거관계이고, 혈연관계이고, 혼인관계이지…
가족의 개념부터 재정립하고 가족으로서 최선을 다했는지를 점검하고
올바른 가족이 되기 위한 마음의 자세부터 바로 해야겠네요.
정말 중요한 관점을 배웠습니다. 감사~~~

서경례 가구○○최○○ 맞습니다. 우리부터 상대에게 가족이 되는 연습을 해보는 것이
가장 지혜롭습니다.

가구○○최○○ 전생에 원수가 이생에 부부로 만나고 전생에 빚으로 부부 자식에 연이
맺어진다는 속담을 되새겨 보면 남보다 못한 가족관계가 이해가 가기도 하네요…
가족관계라고 다 원만한 것만도 아니니까요.
가족관계에 대한 허상과 현실 그리고 내가 기대하는 가족관계와 내가
가족에게 기여하는 것과 가족이 바라는 것에 대한 새로운 고찰이 필요하네요
더불어 내가 가족에게 할 만큼 하고 있다는 생각과 가족이 나에게 진정으로
원하는 것이 무엇인지의 역학관계도 꼭 짚어볼 필요가 있네요…

가구○○최○○ 답이 간단하네요 현재의 상태가 잉꼬가 아니라면 많이 반성하고
제대로 된 길을 찾아서 최선을 다 하는게 가족으로서의 최소한의 도리…

신○○ 5월 사랑이 넘치는 가족이시고 친구관계에서도 좋은 친구를
찾기보다 나 자신 스스로가 진정한 친구가 되겠습니다.

Principle of yin(-) and yang(+)

Men and women.
Yin and yang.
If there is no cooperation.
Nothing can be done.
That's the principle.

Progressive intellectuals and conservatives...
We need to work together to move forward.
It's the same logic.

With the power of men combined with
The wisdom of women
We come together and form the
complete ability To help society.

Just as Butterflies and flowers need each other So do we.
If we are unable to make up for our shortcomings
Development and happiness are a long way off.
Butterflies and flowers are together.

2021.05.20/Seo Kyung-rye/Men and women live for each other.

음(-)과 양(+)의 원리

남성과 여성은 서로
협력하지 않으면
아무 일도 못합니다.

그러한 원리는 정치적으로도
진보 지식인과 보수 형님들이
서로 힘을 합해야 전진할 수
있는 것과 같은 논리입니다.

남성의 힘과 여성의 지혜를
상대방을 위해서 발휘할 때
비로소 작품이 됩니다.

그러니 우리가 서로를 위해
그 부족분을 채우지 않으면
발전과 행복은 요원합니다.
나비와 꽃이 함께 있잖아요.

2021.05.20./서경례/남성과 여성은 서로 상대를 위해서 살아야

Large corporations represent the people

Politicians and the public must understand the importance of business people in the future. We must entrust and support them so that they can be active abroad as true representatives.
They demand jobs without any future policy, collect inheritance tax, and take advantage of them. Asking people to go with you when you go abroad because you need them is not the government's job and is wasteful.

Their time is so important.
Large corporations must take the lead in solving all problems and stand at the forefront of humanity as representatives, so I hope that the public will support the businessmen of the coming era.

2021.05.21./Seo Kyung-rye/Large corporations represent the people

Seunggu Hong I agree.
Lee○○ That's right.

대기업은 국민의 대표

정치인들 국민들은 앞으로는 기업인들
중요성을 알아야 합니다.
그들이 진정한 대표로서 외국에서
활약할 수 있도록 맡기고 응원을 해야지,
외국 갈 때 필요하니 오라 가라 하는 것은
소모적인 것입니다.

그들의 시간 시간은 국민들 입장에서는
너무나 중요합니다.
대기업은 모든 문제를 풀 때 앞장서서
대표로서 인류의 선봉에 서야 하니
국민들은 다가올 시대의 기업인들을
응원해 주시기를 바랍니다.
시야를 확장하고 바라보면

2021.05.21./서경례/대기업은 국민의 대표

| 홍OO | 동감입니다. |
| 이OO | 옳소. |

A new paradigm begins

To tell the truth
South Korea has yet to contribute
intellectually to society.
All of humanity's knowledge has been
consumed in an instant,
so there is nothing to promote yet,
but it is coming slowly.

New people and new concepts emerge.
There are times when the world is stagnant,
but an era of great revolution is coming
in which all current organizations
will not be able to survive unless they change.

2021.05.27./Seo Kyung-rye/A new law is slowly coming down.

서서히 새로운 법이 내려옵니다

진실로 말하면
대한민국 지식인들은 아직은
사회에 지적으로 기여한 일이 없습니다.
인류의 모든 지식들을 한순간에 마신 것이고
따라서 홍보할 것도 아직은 없습니다만 서서히 나옵니다.

새로운 사람들과 새로운 개념들이 나옵니다.
정체된 시간들이 있기는 합니다만
지금의 모든 조직들이 변하지 않으면
버틸 수 없는 대변혁의 시대가 도래하네요.

2021.05.27./서경례/서서히 새로운 법이 내려옵니다..

Low birth rate problem(1/32)

National Assembly members and all intellectuals say that it is a serious problem that the Republic of Korea is disappearing. But do they get the point?
To increase the birth rate, the low birth rate department separately spent 300 trillion won in taxpayer money, but the birth rate did not increase, right?

If so, it proves that the government drafted policies without knowing the root cause, and that it only poured money into those policies.
In this way, the national debt increased to 1,000 trillion won, and if you add public enterprise debt to it, it may be 2,000 trillion won.

You can tell by looking at all the statistics whether the government in charge of national affairs has been doing a good job of running the country or not.
The nation's debt, which has increased every year, must now be fully informed to the public through broadcasting.

In the meantime, the government wasted taxpayers' money through ineffective policies, and of course, the department's personnel costs were also wasted.

In addition, the members of the National Assembly received a salary of 13 million won every month, separately from the expenses of traveling abroad or subsidies and sponsorship dues.
For that reason, the debt that the people must repay continues to increase.
There are politicians who spend all their time talking about ineffective nonsense and still get paid, and there are others who work hard and pay their bills.

People who earn dollars are workers, not politicians.
Dollars are not falling from the sky, so how would the money called dollars have been created if workers had not worked until now?
The Pope also laments that Italy is disappearing.

He also argues that wealthy young people who have never had children should not be allowed to raise dogs.

There was a case where a woman came to the Pope to ask for a blessing for her baby.
So, I understand the Pope's concern as he experienced the funny situation of opening the lid to bless and finding that it was not a human, but a dog.
In Korea, we can hug dogs and sleep together in bed, but we can never raise other people's babies. Do you see any similarities?
A boom in puppy raising and a low birth rate.

Our Facebook friend has another question.
[Gyeongrye is saying that you don't have to worry about that childbirth.
As we become an aging society, won't that birth become a big problem?
Opinion polls show that half of young people are not getting married.]

I solved it once last time, but if you still don't know it, you have to keep solving it. Also, I was asked a question, so let's solve it.
It's important.
And if anyone knows something better for the people and humanity, please share it here. We must share all useful wisdom so that all geniuses and intellectuals of mankind can see it.

2023.11.04./Seo Kyung-rye/Pope says Italians should have babies, not pets.

저출산 문제(1/32)

대한민국이 소멸한다고 국회의원들과 모든 지식인들이 다들 심각한 문제라고 한 마디를 하는데 핵심은 알고 있을까요?
출산율을 높이기 위해서 저출산 부서가 따로 혈세를 300조 원을 썼는데 출산율이 오르지 않았지요?

그렇다면 정부가 근본 원인을 모르면서 정책을 입안했었고, 그런 정책을 가지고 마구 돈만 퍼부었다는 것이 증명되는 것입니다. 이렇게 해서 국가 빚은 1,000조 원으로 늘어났고, 거기에다 공기업 채무까지 합치면 2,000조가 되는 것은 아닌지 모를 일입니다. 국정을 책임진 정부가 그동안 국가 살림을 잘했는지 못했는지는 모든 통계를 살펴보면 알 수 있는데, 그동안 해마다 증가한 국가의 빚도 이제는 방송에서 국민한테 하나도 빠짐없이 알려야 하겠습니다.

효과 없는 정책으로 혈세를 낭비했고, 그 부서의 인건비도 당연히 낭비되었고 거기다 국회의원들의 외유 비용과는 별도로 보조금 후원회비 지급과는 별도로 달마다 1,300만 원씩 월급을 주어야 하니 국민이 갚아야 하는 빚이 오늘도 처벅처벅 늘어만 갑니다.

헛다리 짚어가면서 시간을 다 소비하면서도 월급 받는 놈 따로 있고 똥싸게 일하면서 갚는 놈이 따로 있는 셈이 됩니다.
달러를 버는 사람이 노동자이지 정치인들은 아니잖아요. 달러가 하늘에서 뚝 떨어지는 것도 아닌데 지금까지 노동자가 노동을 하지 않았다면 어떻게 만들어졌겠습니까?

또 교황께서도 이탈리아가 사라진다고 한탄하면서, 아이를 낳아 본 적이 없는 여유 있는 젊은이들은 강아지를 키우지 못하도록 해야 한다는 주장을 하기도 하네요. 하기야 지난번 우리 아기를 축복해 달라고 여인이 교황께 왔는데 축복하려고 뚜껑을 열어보니 사람이 아닌 강아지라는 웃지 못할 상황을 경험한 그의 염려가 필자도 이해가 갑니다.
대한민국도 강아지를 껴안고 침대에서 같이 잘 망정 남의 아기는 절대로 키우지 못하는 상황이니 공통점이 보이시는지요?
강아지 키우는 붐이 일어나는 것과 저출산

우리 페이스북 친구께서 또 질문을 주십니다.
[경례 님 말씀은 저출산은 걱정하지 않아도 된다는 말씀.

지금도 노령사회가 되어 가는데 저출산이 큰 문제가 되지 않을까요? 지금 청년 중 절반이 결혼을 하지 않는다고 여론 조사에서 나와 있더군요.] 지난번에 한 번은 풀어 드렸는데 그래도 모르면 계속 풀어야 하고, 또 필자가 질문을 받았으니 풀어봅시다.
중요하잖아요. 그리고 국민과 인류를 위해서 더 좋은 내용을 알고 있는 자가 있으면 여기에 나누어 보시지요. 유익한 모든 지혜는 인류의 모든 천재 지식인들이 볼 수 있도록 우리는 나누어야 합니다.

2023.11.04./서경례/교황은 이탈리아인들은 애완동물이 아니라 아기를 가져야 한다고 말한다.

Hope

When the sky is clear and the sun rises brightly,
I talk to you in the morning,
A story about our future that we share one word
at a time as we start each day.
Heart meets heart and soul feels.
The meeting between you and me is a miraculous gift.
One day's miracle starts from today,
one year's miracle starts from this year
All the way~~~~~~~

2021.05.27./Seo Kyung-rye/ The future is hope.

희망

이토록 맑은 하늘과 아침에 밝은 태양이 떠오르면
그대와 대화합니다.
하루를 열어가면서. 한 마디씩 나누는
우리들의 미래 이야기.
마음과 마음이 만나고 영혼과 영혼이 느끼고
그대와 나의 만남은 기적 같은 선물입니다.
하루의 기적은 오늘부터 일 년의 기적도 올해부터
쭉~~~~~~~

2021.05.27./서경례/ 미래는 희망

윤○○　　금계국 옆에서

이○○　　그저 바라볼 수만 있어도 좋은 사람.
　　　　　심장에 남는 사람.

임○○　　보기 좋아요. 여유로워서

Difference in thoughts

The sun remains in the same place as yesterday
We are still in the same place as yesterday.
What is the difference between yesterday and today?
The hidden thoughts in my head are catching me.
Let's raise our thoughts, raise our value.
When your thoughts change, your relationship changes.
With a dream attached to my thoughts, it flutters high in the sky

2021.05.29./Seo Kyung-rye/Thoughts that can change

생각의 차이

태양은 변함없이 어제의 그 자리에
우리도 변함없이 어제의 그 자리에

어제와 오늘사이 무엇이 다를까요?

머릿속 숨어있는 생각이 나를잡네.
생각을 올려보자 가치를 높이높이

생각이 달라지니 인연이 달라지네.
생각에 꿈을달아 하늘높이 두둥실

2021.05.29./서경례/변할 수 있는 것은 생각

Low birth rate problem(2/32)

Last time, I heard a politician talking passionately about how much effort he had put into giving birth.
I guess he must have tried.
I listened to everything in silence. And I ask a question.
So what is the result?
Has the current result increased the birth rate?
When I asked a question, he made various excuses and said that the policy should be promoted by expanding to Seoul.
So I made another suggestion.
We parted ways after giving a hint that it would be better to expand the size of your thoughts if possible.

If we are intellectuals, we must know how to acknowledge the results.
In fact, with the intention of giving a gift, the writer said, "Let's expand our thinking further."
I made a suggestion, but he still doesn't know the deep meaning of what I'm saying. Even though he passed the bar exam and served as a member of the National Assembly several times.
This is because his thoughts and skills remain at that moment when he first entered the National Assembly.

It is the correct attitude of an intellectual to first admit to himself that he did not know the cause of the birth policy, which only invested money without any significant results so far, and that it has not achieved any results.
To progress, he must first be able to admit his shortcomings.
If he doesn't develop, those who assist him don't develop either.
What needs to be acknowledged must be acknowledged, and then new knowledge and expansion of new thoughts can be derived.

2023.11.05./Seo Kyung-rye/Let's start again by practicing recognition.

저출산 문제(2/32)

지난번 모정치인이 필자한데 저출산에 대해서 자신이 얼마나 많은 노력을 했는지 열변을 토하더라고요. 노력을 했으리라 필자도 짐작합니다. 필자가 묵묵히 다 들었습니다.
그리고 질문합니다.

그래서 결과는?
지금의 결과가 출산율이 늘었습니까?
질문했더니 이런저런 핑계를 대면서 서울까지 확장을 해서 정책을 추진해야 한다고 그러네요. 그래서 필자가 다시 제안을 했습니다.
이왕이면 생각의 크기를 확장하는 김에 왕창 확장을 하면 더욱 좋겠다고 힌트를 주고 헤어졌습니다.

우리가 지식인이라면 결과를 인정할 줄을 알아야 하겠습니다.

사실 선물을 주는 마음으로 "생각을 더 왕창 확장해 봅시다." 라는 제안을 했는데 아직은 그가 필자가 하는 말의 깊은 의미를 알지는 못합니다. 그가 비록 사법고시를 패스하고 국회의원을 여러 번 경험했어도 그의 생각과 실력은 처음 국회의원에 입문하던 그때, 그 순간 그 시점에 머물러 있기 때문입니다.

지금까지 이렇다 할 결과물 없이 돈만 들어간 저출산 정책에 대해서는 원인을 몰랐고 성과 없음을 일단은 스스로 인정하는 것이 바른 지식인의 자세입니다.
발전하려면 첫째로 자신의 부족함을 인정할 줄을 알아야 합니다. 그의 발전이 없으면 밑에서 그를 보좌하는 이들도 발전이 없어요. 인정할 것은 인정해야 그 후에 새로운 지식과 새로운 생각의 확장이 파생됩니다.

2023.11.05./서경례/인정하는 연습부터 다시 합시다.

People who wandered in search of truth

After graduating from high school
and gaining social experience,
I entered college at the age of 24.

As soon as I graduated from high school,
I started reading economic newspapers.
(Even though I did not understand
economic jargon at the time)
As soon as I entered college, I bought
Nietzsche's "Thus Spoke Zarathustra"
and began reading it. Even though I read
and thought hard about what it meant,
I couldn't understand it at the time.

Now that I look back, I realize that reading
Nietzsche's words about wandering made
me wander even more.

Still, Kant's expression is the best.
"Our reason is something distorted,
reflected in a mirror."
This genius philosopher realized that we don't
know much. But he didn't know either.

Even if he tried, he couldn't have known at
the time. Because there is a time and
a place for everything.

Whether it was Nietzsche, Kant,
or Einstein, they wandered
a lot in search of truth.
At the end of all such wanderings,
you are here in this era of transformation.
And I am giving you what they were
looking for. I start the day with gratitude.

2021.05.18./Seo Kyung-rye/People who wandered in search of the truth

진리를 찾아 헤매었던 사람들

고등학교를 졸업하고
사회경험을 하다가
24살에 대학에 들어갔어요.

고등학교를 막 졸업하자마자
경제신문을 보았었고
(경제전문용어들을 당시 이해하지
못하면서도)
대학을 들어가자마자
니체의 "짜라투스트라는 이렇게 말했다"
를 사서 읽기 시작했습니다. 무슨 뜻인지
열심히 읽고 생각해도 알 수 없었지요.

지금 돌아보니 ㅎㅎ
헤매는 니체가 쓴 글을 읽고
알지 못하는 것이 당연한 정도를
더해서 더 헤매게 된다는 것까지
알게 되었습니다.

그래도 칸트의 표현이 가장 나은 표현입니다.
"우리의 이성은 거울 속에 굴절되어
비친 일그러진 그 무엇 ~"
이라는 의미로 얘기했던 것 같아요.
우리가 많이 모른다는 사실을
이 천재 철학자는 간파했던 것입니다.

그렇지만 알지는 못했습니다.
당시에는 알 수도 없었습니다.
모든 것이 때와 장소가 있습니다.

니체든 칸트든
아인슈타인이든
고승 원효대사든
진리를 찾아서 많이도
헤매고 살았습니다.
그러한 모든 방황이 끝나는 시기에
이 변혁의 시대에 여러분이 계십니다.
감사함을 품고 하루를 열어갑니다.

2021.05.18./서경례/진리를 찾아 헤매었던 사람들

손○○ 궁극적으로 ~ 동양철학이든 ~ 서양철학이든 ~
처음은 다른 것 같아도 꼭짓점에 이르면 사상과 진리가 동일함으로 귀착된다.

Education

People without an academic background are very envious of people with an academic background. So, you want to solve the "one of the things you didn't study" that you didn't learn, even if it's too late.

However, not having an academic background means that you started studying social studies at an early age. Those who have lived early in society are destined to live the life of public figures. This means that you have made social contacts early on.

In other words, you had more opportunities to advance. The dynamic structure of people is woven like a loop so that one's own destiny is always created by the people around oneself.

If you think back to the past times when you let go without knowing the meaning of the relationship that came your way, there will be many moments when you passed away great opportunities.

It's not too late now. All the answers are in the fate given to us.
There is no shortage of opportunities.
You just don't know it.

2021.05.11./Seo Kyung-rye/Precious relationships in the passing years

학벌

학벌이 없는 사람은 학벌이 있는 사람을
몹시 부러워 합니다.
그래서 뒤늦게라도 못배운 "공부의 한"을
풀고자 합니다만

그런데 학벌이 없다는 것은
사회 공부를 일찍부터 시작한 경우입니다.
공인의 삶을 살아가는 운명의 사람입니다.
사회적 인연들을 일찌감치 만났다는
얘기가 됩니다. 즉 상승할 수 있었던
인연 기회가 더 많았지요.

사람의 역학구조는 자기 자신의 운명은
항상 주변 사람들이 만들어 주도록
고리처럼 엮여져 있습니다.

다가 온 인연의 의미를 모르고 흘려
떠나보낸 지난 시절들을 상기하면
엄청난 기회를 차버린 순간들이
많을 것입니다.

지금도 늦지 않았어요.
내게 주어진 인연속에 모든 답들이 있습니다.
부족하지 않습니다. 단지 모를 뿐입니다.

2021.05.11./서경례/ 흘려보낸 세월 속에 인연들도

Low birth rate problem(3/32)

300 trillion won was officially spent on the low birth rate issue. Friends, do you have any idea how much money 300 trillion won is?
How many of you have touched 100 million won in cash?
I've never even touched it.
How much more salary was spent while spending 300 trillion won?
How much do you spend on meals while walking around doing that, and how much does the gas in your car cost?

How much better would it have been if the people's precious tax money had been used to create a vision for the future, submit Ukraine's arbitration plan, create content, or produce research materials?
If that had been the case, how much more jobs would have been created for our people, how much more work would have been created, and how much the international status of the Republic of Korea would have improved!

We can stop the bloody fight between Hamas and Israel.
Also, Korea will begin to rebuild their regions so that many young lives are not lost due to the Russian-Ukrainian crisis.

Such ignorance of us who are not able to take advantage of such a great opportunity to appear on the world stage and are calling for a low birth rate policy!
These days, there is a lot of fuss over the issue of Gimpo-Seoul transfer, but let's just talk about the birth here.

2023.11.06./Seo Kyung-rye/Did we only spend 300 trillion won! Expensive time consuming?

저출산 문제(3/32)

저출산 문제로 공식적으로 집행된 돈만 300조 원. 친구님들 300조 원이 얼마나 많은 돈인지 감이 오십니까?
여러분들 중에 1억 원 현금을 만진 사람이 몇 사람이나 있을까요!
필자도 만진 적이 없습니다.
300조 원을 쓰는 동안 소비된 급여는 또 얼마나 많을까! 그거 한다고 돌아다니면서 뿌리고 다닌 식사비는 또 얼마이며, 차량의 기름값은 또 얼마이고 휴~

국민의 귀중한 혈세를 미래비전을 창출하고, 우크라이나 중재안을 내주고 콘텐츠를 만들고 또는 연구물을 잘 생산해 냈더라면 지금쯤 우리 국민의 일자리는 얼마나 늘어나고 할 일은 또 얼마나 많이 파생되었으며, 대한민국의 국제적인 위상은 또 얼마나 높아져 가고 있을까!

저리 하마스하고 이스라엘 하고 죽이고 죽는 피비린내 나는 싸움을 멈추게 할 수도 있고, 러시아 우크라이나 사태로 인해서 많은 젊은 목숨들이 더는 희생되지 않도록 한국은 그들 지역을 재건하러 나서기 시작할 텐데~

이토록 세계무대에 나설 수 있는 좋은 기회를 살리지 못하고 저출산 정책을 외쳐대는 무지함이여! 요즘은 또 김포시의 서울 편입 이슈 때문에 갈팡질팡 난리를 치고 있습니다만 여기선 저출산만 얘기합시다.

2023.11.06./서 경례/300조 원만 소비했을까!
비싼 시간 소비는?

fun monday

The sun is the fuel, the earth is the center
The sun is burning for the earth,
and the moon is also moving for the earth.
The rest of the planets are
also blocking meteorites
from entering Earth.
Everyone works hard for the planet.

We can only live well.
The Earth revolves around the sun,
but the blue star Earth is always at the center.
In order to save us,
everyone is alert and working hard,
spinning and waiting.

2021.07.05./Seu Kyung-rye/The sun is fuel, the earth is the center

Im ○○	Madam, I read a good article. Fighting today too~^_^
Kim ○○	I am the center of the universe!thank you.
Seo Kyung-rye and Kim ○○	**Yes**
Pung○	Oh wow I admire the cosmic perspective. That's great.
Seo Kyung-rye Pung○	**The cosmic view is correct.**
○○Yoo	You look full of energy. Please share a little.
Seo Kyung-rye Yoo○○	**I distribute it every day.**
○○Bang	That's great.
Kim ○○	dream
Lee ○○	It's always nice to see you lively.
Kim ○○	You don't sleep...
Seo Kyung-rye Kim ○○	**I am getting ready to sleep now.**
Park ○○	The garden is lovely. A friend with a story in it It's nicer.

신나게 월요일

태양은 지구를 위해서
저 달도 지구를 위해서
나머지 행성들도 지구로 들어오는
운석을 막아주고
다들 열심히 일하는데요.

우리만 잘 살면 되겠지요.
태양을 지구가 돌지만
항상 푸른 별 지구가
그 중심에 있답니다.
우리들 살리려고
다들 차렷하면서
열심히 돌고 또 돌고,
기다리고 있어요.

2021.07.05./서경례/태양은 연료, 지구가 중심

임○○	여사님~ 좋은 글 잘 읽었습니다. 오늘도 파이팅~^_^
김○○	우주의 중심은 나 이지요! 감사합니다.
서경례 김○○	**맞습니다.**
풍○	오호 전 우주적 시각에 감탄 대단하시네요.
서경례 풍○	**우주적 시각이 맞습니다.** ㅎㅎ
유○○	에너지가 넘쳐 보여요. 조금 나누어주세요.
서경례 유○○	**매일 나누어 드리고 있답니다.** ㅎㅎ

Low birth rate problem(4/32)

Politicians must have policies. If a politician has no policy, he or she is just a steamed bun. It's like a person has no soul. However, since politicians today do not have policies that should be in place, they always criticize the other party. If there was a policy, we don't have time to criticize each other. You're too busy explaining things.

However, in fact, creating policies is not that simple, so creating new ones is currently impossible through their own power and can only be done with the support of citizens like me from below. So, as citizens, we also have a responsibility. We are the ones who truly need policies, not them, right? If you support the Democratic Party, it is true love to post a message with policy content so that the representative can see it.

If the ruling party's supporters care about the president, it is true love to inform the ruling party leader of the direction of the future. The author has stocked Future Vision in online bookstores, so supporters can purchase and view it.

Otherwise, if you just curse and criticize the other person in the same way, you will become a victim of politicians.
After making people fight among themselves, they feel relieved and later shake hands again.

When Zelensky and Putin fight, or Hamas and Netanyahu, they do not die first, but their people die first. Friends, it is wise to observe this fact carefully and keep in mind that if the Republic of Korea fights without a policy, the people will die economically first.

Since this is the truth, we must first look at the problems of the party we support.
And to help political party leaders take the right path, we must first start with our people. Let's step up intellectually.
Let's not create worry needlessly by calling it a birth issue or be swayed by populism just because it's election season. There is nothing free in this world.

2023.11.06/Seo Kyung-rye/Phenomena where politicians do not have policies

저출산 문제(4/32)

정치인은 정책이 있어야 합니다. 그런데 정치인이 정책이 없다면 그것은 앙꼬 없는 찐빵이요. 사람이 영혼이 없는 것과 같은 것입니다. 그런데 지금 정치인들이 정작 있어야만 하는 정책이 없다 보니, 항상 상대방 비난만 했던 것이지요. 정책이 있었다면 시간이 없어서 서로를 비난하지도 못합니다. 설명하기도 바쁘잖아요.

그런데, 또 사실 정책을 만들어 내는 것이 그리 간단한 것이 아니라서 지금은 새로운 것을 창출한다는 것이 그들의 힘으로는 불가능하고 아래에서 필자 같은 국민이 올려 주어야만 가능합니다. 그러니 국민인 우리의 책임도 있는 것입니다. 진실로 아쉬운 쪽은 우리들이지 그들이 아니잖아요? 민주당을 지지한다면 저 대표가 볼 수 있도록 정책적인 내용이 들어간 메시지를 올려 주는 것이 사랑이고, 국민의힘 지지자들이 국민의 힘을 아낀다면 필자가 미래비전을 교보문고 등 인터넷 서점에 입고시켰으니 다가오는 미래의 방향을 알려주는 것이 진정한 사랑입니다.

그렇지 않고 그들과 똑같이 상대방을 욕하고 흠집내고 비난만 하는 행태는 정치인들의 희생양이 되는 것 국민끼리 서로 싸우게 만들어 놓고는 그네들은 뒤에서 휴 안심하고 나중엔 다시 반갑게 악수합니다.

젤렌스키와 푸틴이 싸우거나 하마스와 네타냐후가 싸우면, 그들 자신이 먼저 죽는 것이 아니고 국민이 먼저 죽어나간다는 사실을 친구님들은 유심히 관찰하시고, 정책이 없이 대한민국이 싸우면 경제적으로도 국민부터 죽어나간다는 사실을 명심하는 것이 지혜롭습니다.

진리가 그러하니 우리는 자신이 지지하는 당의 문제점을 먼저 보아야 하고 정당지도자들부터 바르게 갈 수 있도록 도우려면 우리 국민부터 지적으로 한 수 위로 올라갑시다. 쓸데없이 저출산 문제라고 하면서 걱정을 만들거나 선거철이라고 포퓰리즘으로 흔들지 말자고요. 세상엔 공짜가 없습니다.

2023.11.06/서 경례/정치인한테 정책이 없는 현상

Space travel

The round sun has risen.
Blazing hydrogen bomb.

We're spinning so fast
Even though we don't feel it.
Going around the sun.
Just like the bullet.

But it's true.
Let's imagine.
When we went out into space.

Let's Put it up more
One step higher.

This time, we're going to use our bodies.
Take it off and into space.

To tell you the truth,
After the moment in time.

As if everyone is taking off their clothes.
Get out of the handcuffs of the body.
we freely go into the universe.
And we fell eternity

Do my imagination is too far away?
If you think so Pass.

2021.05.23./Seo Kyung-rye/Imagination Level up

홍○○	시나리오 작가님 영화. 제작소 어때요.
서경례 홍○○	좋습니다. 그런데 영화제작은 자본가가 ㅎㅎ. 때가 되면 영화감독이 오겠지요. 서경례는 계속해서 글을 쓰고요. 각자가 맡은 역할이 다른지라~~ 울 친구분들하고 훗날 어떻게 함께 갈 수 있을까를 항상 생각하고 있습니다.
가구○○최○○	관점의 변화가 진실을 바로 보게 하네요. 태양계보다 더 먼 데서 지구를 바라보면 간단한 것을 ~~~

우주여행

둥근 해가 떴습니다.
이글이글 수소폭탄

태양 주위를 총알 보다
빨리 돌고 있는 우리들,
전혀 느낌이 없는데도

그러나 사실이랍니다.
상상해 보자구요.
우주로 나갔을 때를

상상의 단계를 한 단계
더 끌어올려 볼까요?

이번엔 우리가 육체를
벗어버리고 우주로

진실로 말씀드리면
찰나의 순간들 후에

다들 그렇게 옷을 벗듯이
육체라는 수갑을 벗어나
자유롭게 우주 속을 훨훨

이번에도 너무 멀리
상상의 날개를 폈나요?
아웅 어려우면 통과 ㅎ

2021.05.23./서경례/ 상상 2단계와 3단계

Writer. How about the film production?
Good. But....That's the capitalist's work ㅎㅎ
Someday The producer come true
I am still writing
Everybody has their own work.
And I am always thinking that how can I keep going with you

It can be seen the truth by changing point of view.
I see. It's a simple If we see things more widely then the solar system.

Low birth rate problem(5/32)

In order for humans to live comfortably, many conditions must be met.
In particular, the amount of energy we use in our lives has changed a lot from before, and it is very different compared to 70 years ago.

Let's analyze it.

Humans eat, sleep, excrete feces, urine, etc., and the things we need to do so are all the props we own.
If you don't have any nail clippers right away, it's a problem. It's a problem if you don't have a thick padded coat in the winter. Not only that,

If even a toenail from our body is lost, an internal organ is lost, or even a piece of skin is peeled off, pain comes.
You need a house and food, so connecting them all was made possible through developed industry.
Tens of thousands of elements are all related and connected.

2023.11.06./Seo Kyung-rye/All elements are connected,

저출산 문제(5/32)

인간이 살아가기 위해서는 많은 조건들이 충족해야 편리합니다. 특히나 예전과는 많이 달라진 우리들 삶이 쓰는 에너지 양은 50-70년 전과 비교를 하면 달라도 너무 달라요.

분석해 봅시다.
인간은 먹고 자고 똥과 오줌 등을 배출하는데 그것을 하면서 필요한 것들이 우리가 소유한 전부의 소품입니다. 당장에 손톱깎이 하나도 없으면 문제되고요. 겨울에 두꺼운 패딩 외투가 없으면 문제가 되잖아요.
그뿐만 아니라 우리 신체의 발톱 하나라도 없어지거나 내장의 장기 하나라도 없어지거나 피부 하나라도 벗겨지면 고통이 찾아옵니다.

현대인들은 편리한 생활을 위해서 오만가지 생활에 필요한 물건을 사다 집에다 두고 있고, 아파트나 주택의 공간도 반드시 필요합니다. 집도 있어야 하고 먹을 것도 있어야 하니 그것들을 전부 연결해 주는 것이 발달된 산업으로 가능했던 것이지요. 수만 가지 요소들이 전부 관련성을 가지고 연결이 되어 있습니다.

2023.11.06./서 경례/모든 요소들은 전부 연결되어 있고,

Low birth rate problem(6/32)

If any of the elements your friends have are lost, you feel uncomfortable right away. Let us think about it here. Let's take a time machine and go back 60 years. At that time, if you ate a sweet potato, you would just throw the skin in the garden and it would become fertilizer again, and the poop would also become fertilizer.

What about now?
As human life becomes more and more convenient, all the items we buy at the supermarket are now packed in plastic.
Instead of digging up sweet potatoes yourself, you conveniently buy them in plastic bags.
You might think that eating has become simpler, but it means that our lives have become more complicated. In addition, the fact that it has become more complex means that various industrial wastes and waste such as plastic and cans have increased.
Can you imagine how different our people's per capita waste is now compared to 60 years ago?

And the time it takes for nature to decompose waste continues to lengthen.
In physical terms, this means that more and more waste with elements tightly combined is being created. In the end, nuclear waste, whose decomposition half-life took so long, became an era in which each side fought, blaming the other for the contamination.

In other words, if you think deeply, you will realize that waste is being created that did not exist in the past. As a result, our per capita consumption and emissions have increased too much.
As women unnecessarily reapply cosmetics, various cosmetic wastes have also increased.
All products shown on TV commercials eventually become trash. And now it's saturated.

2023.11.06./Seo Kyung-rye/Global village saturated with waste consumed by humans

저출산 문제(6/32)

친구님들이 가진 모든 요소들이 하나라도 없어지면 당장에 불편을 느끼는데 여기서 우리가 생각을 해봅시다. 타임머신을 타고 슈웅 60년 전으로 돌아가 보자고요. 그 당시에는 고구마를 먹으면 그냥 텃밭에다 껍데기 버리면 그것이 다시 거름이 되고 똥도 거름이 되곤 했습니다.

지금은 어떻습니까?
점점 더 인간의 생활이 편리해지니 슈퍼에서 사 오는 모든 물건들이 비닐에 쌓여 있어요. 고구마도 직접 캐지 않고 편리하게 비닐봉지에 담긴 것을 사 옵니다. 먹는 것이 간단하게 변한 것으로 언 듯 생각할 수 있겠습니다만 우리들 생활이 그만큼 복잡해졌다는 것을 의미하고,복잡해졌다는 것은 그만큼 각종 산업 폐기물과 비닐과 깡통 등 쓰레기가 많아졌다는 것을 의미합니다. 우리 국민의 1인당 배출 쓰레기가 60년 전과 비교하면 지금과 어느 정도 차이가 나는지 상상이 가시는지요?

그리고 쓰레기를 자연이 분해하는데 소요되는 시간이 자꾸만 길어집니다. 물리학적 표현으로 보면 원소들이 단단하게 결합된 쓰레기들이 점점 더 많이 만들어지고 있다는 얘기가 됩니다. 결국은 분해되는 반감기가 너무나 오래 걸리는 핵폐기물까지 나와서 서로 네 탓 공방하며 싸우는 시대가 되었습니다. 즉 과거에는 없던 폐기물이 생기는 것을 깊이 생각하면 친구님들도 알 수 있습니다.

결과적으로 우리들 1인당 소비와 배출이 너무나 많이 늘어났습니다. 불필요하게 과하게 또 여성들은 덕지덕지 화장품을 덧바르면서 각종 화장품 폐기물들도 늘어났습니다.
TV 광고에서 나오는 모든 제품들은 결국엔 나중엔 다 쓰레기가 됩니다. 그리고 지금은 그것이 포화상태입니다.

2023.11.06./서 경례/인간이 소비하는 쓰레기 포화상태인 지구촌

Low birth rate problem(7/32)

We must know the fundamental principles of human life and the overall development of mankind. Only then can we create the right policies for the people in these chaotic times, when Russia and Ukraine in Europe are fighting and the Houthi rebels are attacking trade ships on the sea. In addition, since it allows us to properly analyze the reality of the low birth rate policy that is currently being implemented, an explanation is necessary and I will try to make it as easy as possible.

In the past, humans lived and occupied space. And even now, space is an essential element. But now, even though the space size is the same as in the past, it has become more complicated or the space it takes up has expanded. In other words, the amount of pollution per person has increased significantly. We are the main culprit of pollution. Businesses cannot survive and disappear on their own if we do not consume their products.
But oh my!!!
Not only are we using a lot of things per person, but the population has exploded.

Korea is a country with abundant water. I'm sure you remember. In the past, there really was a lot of water everywhere. Even the water in Korea is drying up. You know that the dry season increases in the summer.
When the leaves dry up and start to catch fire, you are helpless because there is no water.
So, the country is gradually becoming a water-scarce country. If we look at the reality scientifically, it is not that the amount of water has decreased, but that we are using more water than before, and to make matters worse, the number of people has increased due to the birth of dozens of children in the past.
Nowadays, 53 million people live in this small piece of land in South Korea, which is only 1/100th the size of the United States. The multiple effect of using more of the same amount of water and increasing the number of people using it was evident. What was the population of Seoul in the past? The numbers are so small that they cannot even be compared to today. As the author is from Seoul, I vividly remember the leisurely streets.

2023.11.07./Seo Kyung-rye/The fact that pollution and water shortage have increased in plurality.

저출산 문제(7/32)

인간 삶의 근본 원리를 알고 인류가 발전한 형태를 통째로 알아야만 유럽의 러시아와 우크라이나가 저리 싸우고 후티 반군이 저리 해상의 무역선을 공격하는 이토록 어지러운 시대에 국민을 위해서 바르게 정책을 창출할 수가 있을 뿐만 아니라 더불어 지금 시행되는 저출산 정책의 실체를 바르게 분석할 수가 있으니 설명이 필요하고 가능한 쉽게 드리려 합니다.

지난 시절에는 없었던 수많은 물건들을 사기 위해서 돈을 벌어 소비하고 살았으니, 그만큼 과거와 똑같은 공간 크기임에도 복잡해지거나 그렇지 않다면 차지하는 공간이 넓어졌습니다. 즉 국민의 1인당 오염 양이 아주아주 많아졌습니다. 우리가 오염의 주범이잖아요. 기업은 우리가 물건을 소비하지 않으면 생존하지 못하고 스스로 없어집니다.
그런데 어머나!!! 이를 어째요.
1인당 물건도 많이 쓰는 데다 인구까지 폭발 왕창 많아졌네요. 우리나라가 물이 풍부했던 나라입니다. 기억들 하시겠지요. 예전에는 정말이지 얼마나 여기저기 물이 많이 나왔었느냐고요. 그런 대한민국이 물조차 말라갑니다.

여름엔 건기가 점점 늘어나는 것들 아시잖아요. 나뭇잎이 바싹 말라 불이 붙기 시작하면 속수무책인데 물이 없다는 것이지요.

그래서 점점 물 부족 국가가 되어 갑니다. 과학적으로 현실을 바로 본다면 물이 양이 줄어든 것이 아니고 물을 예전보다 더 왕창 쓰고 있고, 거기에다 설상가상 과거에 자녀를 한 다스씩 낳다 보니 지금은 남한의 이 조그만 땅에 미국 땅의 100분의 1밖에 안되는 이 조그만 땅에 5천5백만 명이 살아갑니다.
같은 물의 양을 더 많이 쓰고 거기에 쓰는 숫자까지 많아진 복수의 효과가 현출되고 있었던 것입니다. 예전 서울의 인구가 얼마나 했습니까? 지금과는 비교도 할 수 없을 만큼 적습니다. 필자가 서울이 고향인 사람이라 한가했던 거리의 모습이 생생합니다.

2023.11.07./서 경례/오염도 물 부족도 복수로 증가했다는 사실

Low birth rate problem(8/32)

All humans pollute nature with waste products, such as carbon dioxide, by breathing, passing gases, passing out feces, and urinating. Everyone does that. Of course, if you eat a lot, you will poop more and have more carbon emissions, but since no one can survive without eating, everyone emits a certain amount.

It is correct to view corporate pollution as an expansion of the number of humans combined.

Not long ago, there was an uproar over radioactive waste, but that also happens because we use it. There is no need for nuclear fuel if humans do not use goods or energy. Let's imagine another easy thing here.

Initially, two people lived in an 84 square meter apartment, but after the birth of the baby, the number grew to four. If we apply spatial science, up to 4 people is relatively appropriate, but let's imagine that a war breaks out and a large family comes, or that Korea accepts refugees and 8 people live there.

Those who thinklessly talk about accepting refugees into this small land are right to let refugees live in their own homes.

There are 8 people in the big house, and when the parents come back and 10 people start living in an 84 square meter apartment, there is a lot of fight, support, and trouble whether the parents are present or not. Space design is also a kind of science, and if you ask them, the space also has a capacity for the number of people it can accommodate.

Let's expand our perspective and apply it to the beautiful blue planet that is our Earth.

The beautiful and lovely blue planet called Earth, a paradise on earth, is now suffering from abnormal climate due to various types of pollution.

Global pollution is not created by animals.

2023.11.07./Seo Kyung-rye/Expand your perspective

저출산 문제(8/32)

인간은 누구나 탄소 등 숨을 쉬면서 방귀를 통해서 대변을 배출하면서 오줌을 싸면서 노폐물로 자연을 오염시킵니다. 누구나 그러합니다. 물론 많이 먹으면 그만큼 더 똥도 많이 싸고 탄소 배출량도 많겠지만 안 먹고는 누구든지 살 수 없으니 누구든지 일정량은 배출을 합니다. 기업의 오염은 인간의 숫자가 합쳐져서 확대된 것으로 보면 맞습니다.

얼마 전까지만 해도 방사성 폐기물로 난리를 쳤지만 그것도 우리가 쓰기에 생기는 것이지 인간이 물건이나 에너지를 사용하지 않는데 핵연료가 필요하지는 않습니다. 여기서 또 쉬운 상상을 하나 합시다.

34평 아파트에 처음 2명이 살다가 아기가 태어나 4명이 되었네요.

공간적인 과학을 적용한다면 4명까지는 비교적 적당합니다만 뻥 전쟁이 터져서 큰집 식구까지 온다거나 아님 대한민국이 난민을 받아들여서 8명이 산다고 상상을 해 봅시다. 이 조그만 땅에 난민을 받아들이자고 성토하는 사람들은 그들 집에서 난민을 살게 하는 것이 맞습니다.

큰집 식구까지 8명이고 거기에 다시 부모님까지 오셔서 10명이 34평 아파트에서 살기 시작하면 부모가 있거나 말거나 싸우고 지지고 볶고 난리가 납니다. 공간 디자인도 일종의 과학인데 그들한테 물어보면 공간도 수용 가능 인구 수가 있어요. 그것을 시야를 확장해서 우리 지구라는 아름다운 푸른 별에 적용을 해 봅시다.

지상 낙원인 아름답고 사랑스러운 지구라는 푸른 별이 지금은 각종 오염으로 이상기후로 많이 아픕니다. 지구촌 오염은 짐승들이 만들지는 않습니다.

2023.11.07./서 경례/시야를 확대하기

Low birth rate problem(9/32)

How sick is the Earth?

When we eat food when we are hungry, it tastes good. By the way. Eating too much of the delicious bulgogi, tenderloin, sirloin, and other delicacies can cause various adult diseases, prostate high blood pressure, various types of cancer, etc.

Just as money becomes poison if used incorrectly, food also pollutes the human body if used incorrectly or in excessive amounts. Obesity is also a disease.

That is the principle of nature. Everything should be in moderation. Whether it is our human body or the land mass called Earth, it has the same principle.

The world has now far exceeded its capacity for population.

Pollution and abnormal climate were telling us that.

2023.11.07./Seo Kyung-rye/Know the meaning of pollution and abnormal climate first

저출산 문제(9/32)

지구가 얼마나 아프냐 하면은, 우리가 배고플 때 음식을 먹으면 꿀맛이잖아요. 그런데요. 그 꿀맛 같은 불고기 안심 등심 산해진미도 너무 많이 먹으니 각종 성인병 전립선 고혈압 각종 암 등을 발생시킵니다. 돈이 잘못 사용되면 독이 되듯이 음식도 잘못 들어가거나 너무 많이 들어가면 인간의 몸을 오염시킵니다.

비만도 일종의 병입니다. 자연의 원리가 그렇습니다. 무엇이든지 적당해야 합니다. 그것이 우리 인간의 육체이든 지구라는 땅덩어리이든 똑같은 원리를 가지고 있는 것이지요. 지구촌은 지금 수용 가능 인구수를 훨씬 넘어섰어요. 오염과 이상기후는 그것을 말해주고 있었던 것입니다.

2023.11.07./서 경례/오염과 이상기후의 의미를 먼저 알고

Low birth rate problem(10/32)

I also told you that it is a type of disease.
Whether Korean, American or European.
A little bit of obesity is a bit of a patient, a lot of obesity is a lot of a patient.
Even if we can't fix it right now, let's be aware of it.
You can't fix it until you find enjoyable work and happy people.

The dog that the Pope said something about. ah! I also raise a pet dog, not in a large house, but in a small, communal living space, an apartment. Then I guess I'm a loner too!
It would be accurate to say that grown adults raising puppies in a small room do so because they are lonely.
The environments are different between the United States and Korea. In the United States, dogs are raised for self-defense or to guard the home, as conditions are met depending on various needs.

However, in Korea, most areas have automated CCTV and apartment security guards do all the work, so there is no need for dogs, and furthermore, the social structure is such that small pet dogs are no longer needed. So, let's first understand your own condition.

Obesity and raising a pet dog will not go away unless you find something better than that, and you will not go away unless you meet someone who gives you something more enjoyable than a dog.
Even if you force it and spend money on dieting, it will come back. Due to the yo-yo phenomenon

2023.11.07./Seo Kyung-rye/The global village is experiencing an abnormal phenomenon

저출산 문제(10/32)

비만도 일종의 병이라고 말씀을 드렸습니다.
한국인이든 미국인이든 유럽인이든
아! 나도 비만, 나도 환자로구나.
약간 비만은 약간 환자, 많이 비만은 많이 환자.
일단은 지금 당장엔 못 고치더라도 알고는 있자고요. 즐거운 자기의 일과 즐거운 사람을 찾기 전까지는 고치지 못합니다.

교황께서 한 마디 하셨던 강아지
아! 나도 애완견을 키우네, 넓은 집이 아니고 공동의 작은 주거 공간인 아파트 안에서 말입니다. 그렇다면 나도 외로움 환자구나!

다 큰 성인이 좁은 방 안에서 강아지를 키우는 것은 외로워서 키운다고 보면 정확합니다. 미국하고 한국하고는 환경이 달라요. 미국에서 여러 가지 조건이 충족되니 개를 호신용으로 또는 집을 지키는 용도로 키우기도 합니다.
그러나 한국은 대부분이 자동화된 CCTV가 있고, 그런 것을 전부 아파트 경비원이 또 해주기에 더 이상 애완견이 필요 없는 사회구조입니다. 그러니 그것부터 먼저 자신의 상태를 알고 봅시다.

비만도 애완견을 키우는 것도 그것보다 더 좋은 것을 찾아야 없어지고 강아지보다 더 즐거운 일을 주는 사람을 만나지 못하는 한 없어지지는 않습니다. 억지로 돌린다고 다이어트에 돈을 그리 퍼부어도 다시 돌아갑니다. 요요 현상으로

2023.11.07./서 경례/지구촌이 이상 현상을 겪는 중

Low birth rate problem(11/32)

When our body is oversupplied with nutrients, the excess part becomes a source of pollution and metastasizes to disease, which is difficult, so we instinctively try to lose weight to get rid of it.

From an academic perspective, the term "losing weight" means taking steps to restructure our bodies.

The word 'restructuring' is mainly used when a company or organization becomes bloated and profligate, but our bodies also need to be restructured in order to heal from illness or become whole. Just as when losing weight, only unnecessary fat or excess parts are removed and essential water, protein, vitamins, etc. are not reduced, when a company restructures, it never asks those who absolutely need it to leave.

Only people who are no longer needed are put on the list of honorable retirees, but they still want to stay. Because they are not needed anywhere else either.

These days, politicians in the 586 movement are being urged to step down because of the same hidden principle. 586 The baby boom generation should hand over all authority to their juniors in their 50s, but since the people do not need them and they have nowhere else to go, they are embarrassed and regretful to look at their juniors.

However, being so foolish does not go against the proud principles of nature.

2023.11.08./Seo Kyung-rye/If it's too much, it's going to be contaminated

저출산 문제(11/32)

우리 신체의 영양이 과잉공급이 되면 과잉부분은 오염원이 되고 병으로 전이되고 힘들어서 그것을 제거하려고 본능적으로 살을 빼려고 힘을 씁니다. 살을 뺀다는 용어는 실상 학문적으로 보면 우리 몸을 다시 구조 조정하겠다고 나서는 것이랍니다.

구조조정이라는 단어가 주로 기업이나 조직이 비대하고 방만해졌을 때에 쓰는 용어인데 우리 신체도 그렇게 구조조정을 해야 병이 낫거나 온전해집니다.

살을 뺄 때에도 불필요한 당분이나 기름이나 과잉 부분만 빼려 하고 꼭 필요한 물이나 단백질 비타민 등은 줄이지 않는 것처럼 기업이 구조조정을 할 때에도 반드시 필요한 사람은 절대로 나가라고 하지 않습니다. 어떻게 해서라도 잡아 둡니다.

없어도 되는 사람만 명퇴국(명예퇴직자)을 먹이는 것을 우리는 이미 경험했던 것 그런데 명퇴국을 먹어야 하는 자들은 또 남고 싶어 해요. 왜냐하면 다른 곳에서도 필요한 사람이 아니기 때문에 갈 곳이 없기 없습니다.

요즘 586 운동권 정치인들 물러나라고 독촉을 받는 것은 그런 원리가 똑같이 숨어 있습니다. 586 베이비붐 세대들이 X세대 후배한테 모든 권한을 물려주어야 하건만 국민이 필요로 하지 않아 갈 곳이 없다 보니 후배들 보기 민망하게 미련을 떨고 있습니다. 그러나 그리 미련을 떤다고 도도한 자연의 이치가 거꾸로 흐르지는 않습니다.

2023.11.08./서 경례/과잉되면 오염요소로

Low birth rate problem(12/32)

If we sense that we need to lose weight, we have already gained weight, and if a company announces that it needs to restructure, a crisis signal has already been detected.
If we have experienced abnormal climate around the world, it proves that various types of pollution have already spread throughout the world.

We need to restructure, but if we don't do it, the whole thing will collapse.
Go bankrupt and get it.
So, if restructuring is carried out hastily, there will inevitably be people who are eliminated. This is precisely why we must become essential people in society and organizations.
Am I a necessary teacher at school?
Or is it a substitute that can replace anyone?
Am I absolutely necessary in this society?
Now let's consider that question.

If they tell me that they really need me and don't allow me to take honorable retirement, then the other person needs it, and if they keep kindly asking me to take honorable retirement, saying, "This is the situation, what can I do?"

ah!
I am of no use here!
Since you have been receiving it for so long, you should stop.
It means that we have to go out and live for society, so when we discern ourselves, we must make a cool-headed judgment to open our eyes with humility.

2023.11.09./Seo Kyung-rye/Those who are useful to the organization and those who are not.

저출산 문제(12/32)

우리 몸의 살을 빼야 한다는 것을 감지했다면 이미 살은 찐 것이고, 기업이 구조조정을 해야 한다고 나섰다면 이미 위기 신호가 감지된 것이고, 지구촌 이상기후를 경험했다면 이미 지구촌은 각종 오염이 확산되었음이 증명되는 것

구조조정을 해야 하는데 하지 않으면 전체가 공멸합니다. 파산으로 가서 뻥. 그러니 구조조정을 급하게 단행하는데 반드시 제거되는 자가 생깁니다. 우리가 사회나 조직에 반드시 필요한 사람이 되어야 하는 이유가 바로 여기에도 있었던 것 나는 학교에서 반드시 필요한 선생님일까? 아님 누구라도 대체될 수 있는 대체재일까? 나는 이 사회에서 반드시 필요한 사람일까! 이제는 그 물음을 생각해 봅시다.

내가 꼭 필요하다고 말하면서 요리조리 명퇴국(명예퇴직)을 먹지 못하게 하면 상대가 필요로 하는 것이고, 지금은 사정이 이러하니 어쩌겠느냐고 하면서 친절하게 간곡하게 명퇴국을 자꾸 먹이려고 하면

아!
내가 여기에선 쓸모가 없구나!
필요한 존재가 아니구나! 라고 생각하면 맞습니다. 그동안 받기만 했으니 그만 나가라는 것 나가서 사회를 위해 살아야 한다는 뜻이니 우리가 우리 자신을 분별할 때에는 냉철하게 판단을 해야만 겸손하게 눈을 뜹니다.

2023.11.09./서 경례/조직에 쓸모 있는 자와 아닌 자.

Low birth rate problem(13/32)

As I explained earlier

I have already told you that if our body does not receive enough nutrients and there is excess nutrition, the ingredients become poison instead of nutrients and make the human body sick.

Then, we try to find the original healthy physical condition again, and this means losing weight. When losing weight, you must first take care of the flab, but if you have already exceeded the limit, you may be prescribed extreme medication.

However, it is not only our bodies that are like this, but also the organizations created by human beings also undergo restructuring on their own, as unnecessary parts lead to the destruction of the entire body. This is a self-purifying effect.

It is a law of nature that humans and companies self-purify, so if we expand our perspective, we can see that the global village is also self-purifying.

Contaminated industrial waste and nuclear waste cannot be maintained intact beyond the self-purification capacity of the Earth itself, causing painful symptoms.

This is reflected in sea level rise due to various disasters and abnormal temperatures.

The principles by which a single human body is maintained and the principles by which the planet Earth, which gives life to all humans, are fundamentally the same.

If you know this correctly, you can understand the principles of purifying the global village and the fundamental principles of childbirth.

2023.11.15./Seo Kyung-rye/After knowing the fundamental principles like mathematical equations

저출산 문제(13/32)

자정작용

앞에서 우리 신체도 필요한 만큼이 아니고 영양과잉이 되면 이미 그 성분은 영양이 아니고 독이 되어 인간의 몸을 병들게 한다는 것을 말씀드렸습니다. 그럼 우리는 다시 건강한 본래의 신체적 조건을 찾으려 생각하는데 이것이 살을 뺀다는 것이고, 살을 뺄 때에는 반드시 필요한 근육이 아닌 군살을 먼저 손을 보되 이미 한도를 초과했으면 극약처방을 할 수도 있습니다. 그런데

우리의 신체만 그런 것이 아니고, 인간이 모여서 만든 조직도 똑같이 필요 없는 부분이 생기면 전체를 공멸하게 만드니 스스로 구조조정을 단행하는데 이것이 자정작용입니다. 인간도 그러하고 기업도 자정작용을 하는 것은 자연의 법칙이기에 이것을 시야를 확장해서 보면 지구촌도 자정작용을 하는 것을 볼 수가 있습니다.

오염된 산업폐기물과 핵폐기물도 지구 자체의 자정능력을 초과해서는 온전하게 유지될 수가 없어 아픈 증상이 나타나는데 이것이 각종 재해와 이상 기온으로 해수면 상승으로 나타나는 것이지요.

인간 1명의 신체가 유지되는 원리와 모든 인간을 숨 쉬게 하는 지구라는 별이 유지되는 원리는 근본적으로 똑같습니다. 이것부터 바르게 알아야 지구촌을 정화시키는 원리와 저출산의 근본 원리도 알 수가 있습니다.

2023.11.15./서 경례/수학 방정식처럼 근본 원리부터 알고 나서

Low birth rate problem(14/32)

Hero of the world

The main character who uses the global village is human beings, the lord of all creation. It is not a pet dog. We must first recognize the fact that this planet called Earth exists for us, humans, who are so important. Therefore, the reason the Earth cannot purify itself and is polluted is because of humans, and only humans are the main culprits in polluting the global village. All animals are auxiliary material elements that are automatically regulated along the food chain. Indeed, if the global village becomes polluted, various disasters occur, or conflicts occur, we must first suspect humans and realize that we have been managing the global village incorrectly.

However, now a serious conflict surrounding Hamas has begun in the Gaza Strip of Israel, and the conflict is intensifying in Syria as well. The United States and China are roaring at each other, and Yemen's Houthi rebels are also attacking each country's trade ships. The conflict with Russia is serious in Ukraine as well, so we humans must be doing something wrong.

Oh my goodness!
People are dying!
Young soldiers are dying.
Children and the elderly are dying!

The hospital is overcrowded, but Hamas uses it as its base, so bombings are carried out there as well. Our half-intellectuals see this and make an uproar, saying that innocent children, patients, and civilians are being sacrificed. However, people who complain like that have one thing in common: they have no way to stop it and they don't know the cause. We only speak lightly, not knowing that the current drastic measures are the result of the global village's failure to self-purify itself to reduce its population.

Actually, this also has to do with childbirth.

If we cannot control our own population, is it conceivable that someone on Earth will have to be forced to die in order for the planet to survive?

2023.11.15./Seo Kyung-rye/ Re-diagnosis starting from the cause

저출산 문제(14/32)

지구촌의 주인공

지구촌을 사용하는 주인공은 만물의 영장인 인간입니다. 반려견이 아니고 푸바오라는 인기 있는 곰도 아닙니다. 너무나 중요한 우리들 인간을 위해서 이 지구라는 별이 존재한다는 근본 이유를 먼저 인지해야 하겠습니다. 따라서 지구가 자정작용을 못하고 오염되는 것은 인간 때문이고 인간만이 지구촌을 오염시키는 주범이 됩니다. 모든 짐승은 먹이사슬에 따라서 저절로 조절이 되는 보조적인 물질 원소입니다.
진실로 그러할지니 지구촌이 오염이 되거나 각종 재앙이 발생되거나 분쟁이 발생한다면 인간을 먼저 의심해야 하는 것이고, 우리가 지구촌을 잘못 운영하고 있었음을 직감해야 하겠습니다.

그런데 지금 이스라엘의 가자지구에서도 하마스를 둘러싼 심각한 분쟁이 시작되었고 시리아도 분쟁이 격화되고 미국과 중국이 저리 으르렁 거리고, 예멘의 후티 반군들도 각 나라의 무역선을 공격하고 우크라이나에서도 러시아와 분쟁이 심각하니 무언가 잘못되고 있는 것이지요.

어머나!
사람이 죽어가고 있네!
젊은 병사들이 죽어가고 있네.
어린이와 노약자들이 죽어가고 있네!

병원에 인구가 바글바글한데 그곳을 하마스가 본거지로 이용하니 거기도 폭격이 단행되는 것을 보고 우리 반쪽짜리 지식인들이 말을 합니다. 죄 없는 무고한 어린이들 환자들 민간인들이 희생을 당한다고 하면서요. 멈추게 할 대책도 없고 원인도 모르면서 성토만 합니다.

그동안 지구촌이 스스로 인구를 줄이는 자정작용을 하지 못한 결과가 지금의 극약처방으로 나타나는 것을 모르고 다시 말하면 이것도 저출산과 같이 원인을 모르고 덤비고 말하는 것과 같은 것입니다. 스스로 인구를 조절하지 못하면 이렇게 누군가는 강제로 죽어가야 지구별이 버티어 내는 것은 생각할 수 있을까요?

2023.11.15./서 경례/원인부터 다시 진단을 하고

Low birth rate problem(15/32)

Dear readers!
Let's expand the horizons of our thoughts.
Earth as a whole.
Because our bodies are overweight, we lose weight, and because companies are oversized, we restructure, and in the political world, those who are not capable of presenting policies to organizations are encouraged by the people to move on as they are now.

So, before everyone goes bankrupt, we carry out restructuring in the name of innovation for those who are struggling. If that fails, there will be strife and eventually a fight will have to be enforced with the use of extreme medication. This also applies to the planet Earth, and if the developed countries around the world do not make efforts to self-purify, the Earth will not be able to wait and must fight to lose weight in order to preserve itself as a whole.

Currently, conflict is intensifying in the Middle East, Houthi rebels are attacking ships, Israel is trying to kill Hamas, and Russia is also fighting with Ukraine. What would happen to the world if China took advantage of the chaos and started a conflict?

Who do you think is responsible for all these conflicts? It is not in a poor underdeveloped country, but in a developed country. That's why refugees are flocking to developed countries, but you can't even shoot and kill the refugees who are flocking in. They also come to live well, so we cannot simply say they are bad.
This is not an immediate problem, but looking into the future, it will cause more serious social problems than launching missiles and attacking people.

South Korea has the wisdom to solve these problems. Then, every problem lies with those who know the solution. Let me state here that South Korea is more responsible than the United States.

2023.11.16./Seo Kyung-rye/Prescription of extreme medicine for the global village

저출산 문제(15/32)

독자들이여!
생각의 시야를 확장해 봅시다.
지구 전체적으로.
우리 몸이 비대하니 살을 빼고 기업이 비대하니 구조조정을 하는 것이고, 정치권에서도 조직에 정책을 제시할 능력이 없는 자는 세금만 먹는 하마가 되어 득이 되지 않을 때에 국민이 지금처럼 나가라고 등을 떠밀어 댑니다.

그러니 모두가 파산하기 전에 군살에 해당하는 자들을 혁신이라는 이름으로 구조조정을 단행합니다. 그것이 실패한다면 분란이 일어나서 결국은 싸움으로 강제적인 극약처방을 해야 하는데요. 이것이 지구라는 별에도 고스란히 적용되어 지구촌의 선진국들이 스스로 자정노력을 하지 않으면 지구는 기다리다 못해서 스스로 자정을 단행하는 것이니 싸움을 만들어서라도 군살을 빼야만 전체가 보존됩니다.

지금 중동지역은 갈수록 태산이라 예멘에서도 반군이 선박을 공격하고 이스라엘도 하마스도 서로를 공격해서 죽이려 하고 있고, 러시아도 우크라이나와 싸우고, 여기에 중국까지 혼란을 틈타 분쟁을 일으킨다면 지구촌이 어찌 되겠습니까?

이런 모든 책임이 과연 누구한테 있을 거라고 보십니까?
저기 열악한 저개발국가에 있는 것이 아니고, 선진국에 있습니다. 그래서 선진국으로 난민이 몰려드는 것인데 몰려드는 난민은 총으로 쏘아 죽이지도 못합니다.

대한민국은 이런 문제를 풀 수 있는 지혜가 있습니다. 그렇다면 모든 문제는 그 해법을 알고 있는 자들이 있는 곳에 있는 것 대한민국이 선진국인 미국보다 책임이 더 크다는 사실을 여기에 밝혀 두겠습니다.

2023.11.16./서 경례/지구촌의 극약처방

Low birth rate problem(16/32)

The current global chaos is one in which the Earth's self-purification process has reached its limits and has entered the final stage, the extreme drug prescription stage. It is easier to understand if you think of it as a major surgery performed by a Western doctor who exerts power in prescribing extreme drugs after the fact, rather than an Oriental medicine doctor who exerts power in preventive medicine. Surgery is done when it's urgent, but the world is in a hurry right now.

We cannot understand any phenomenon by only looking at our land in South Korea.
The world is now saturated with population, and if we continue to do so, we will all die out. We're talking about various types of pollution and climate change.

So we need to control it, but even now, in refugee camps and underdeveloped countries, we can see children being born indiscriminately while no policies are in place to reduce pollution and carbon emissions.

In humans, the lower a country's overall education, the higher its birth rate.
If so, an absurd situation has been created in which the Earth must be forcibly reduced from its current state. Those are the various disasters, earthquakes, and conflicts taking place in the Middle East right now.

2023.11.16./Seo Kyung-rye/Look at the population problem of the entire global village from a larger perspective.

저출산 문제(16/32)

지금의 세계적인 혼란은 지구의 자정작용이 한계에 부딪혀 마지막 단계인 극약처방단계에 들어간 것이고, 예방의학에서 힘을 발휘하는 한의사가 아닌 사후 극약처방에서 힘을 발휘하는 양의사가 하는 대수술처럼 생각하면 이해가 수월합니다. 수술은 급할 때에 하는데 지구촌이 지금 급해요.

우리 남한 땅만 보고 말을 해서는 어떤 현상도 이해할 수 없습니다. 지구촌은 지금 인구가 포화상태인데 이리 가면 공멸합니다. 각종 오염과 기후변화가 말을 하잖아요. 그러니 조절을 해야만 하는데, 오염을 줄이고 탄소 배출을 줄일 수 있는 어떤 정책도 작동되지 않는 상태에서 지금도 난민촌과 저개발국에선 마구마구 낳는 것을 볼 수 있습니다.

인간은 국가의 전체 교육이 낮은 상태일수록 출산율이 높은 국가가 됩니다. (김영미라는 저출산 정책부서의 부위원장이 나와서 하는 소리처럼 우리나라가 교육이 어쩌고저쩌고 해서 자녀를 낳지 않는 것이 아니고요.)

그렇다면 지구는 현재 상태에서 강제로라도 줄여야만 하는 어처구니없는 상황이 만들어지는 것이니 그것이 지금 벌어지는 각종 재앙과 지진과 중동지역의 분쟁입니다.

2023.11.16./서 경례/지구촌 전체의 인구문제를 크게 볼 것

Low birth rate problem(17/32)

There is a limit to how much food can enter your mouth. Just as a company must have only the essential number of people, it can be seen through scientific analysis that the global village should not have an unlimited population.

If intellectuals in Korea do not look at the entire planet and say that the population of the global village needs to increase in order to increase its power regardless of whether the population explodes or not, can the Republic of Korea become a leader in the global village? Do you think that doing something like that could produce policy results?

If the global village cannot make efforts to self-purify itself, nature must take extreme measures. In other words, nature can only avoid a disaster that destroys the entire world by controlling its population even by killing living people, so we must properly recognize where this disaster is coming from. So, if we know the cause correctly, shouldn't we study how we can wisely control the population and coexist peacefully without unfortunate fights?

It hurts so much when we are ignored.
We were persecuted and treated with contempt because we were so ignorant of Korea's history until now. So now, the Republic of Korea must gradually contribute to the international community and never create a situation where it is treated like that again.
The treatment we receive is of our own making. Since the world is unable to find a way for the global village to coexist peacefully, all the weapons that have existed so far are starting to dance. In other words, since the Earth is not able to exercise its power peacefully, population density is being restructured even if it means forcibly killing people.

2023.11.17./Seo Kyung-rye/Intellectuals who only see the parts without knowing the whole

저출산 문제(17/32)

음식도 입에 들어오는 것이 넘치지 않아야만 하는 한계가 있음이고, 기업도 구성하는 인원이 필수적인 구성인원만 있어야 하는 것처럼 지구촌도 인구가 무한정 있어서는 아니 된다는 것은 과학적인 분석을 하면 알 수 있습니다.

대한민국의 지식인이 지구 전체를 조망함이 없이 지구촌이야 인구가 폭발을 하든 말든 우리만 대한민국만 힘을 키우기 위해서 숫자를 늘려야 한다고 말한다면 대한민국이 지구촌을 이끌어가는 리더가 될 수 있겠습니까? 정책적인 결과가 산출될 수 있을 거라고 보십니까?

지구촌이 스스로 하는 자정노력을 못한다면 극약처방을 해서라도 즉 살아있는 사람들을 죽여서라도 인구조절을 해야만 전체가 무너지는 재앙을 피할 수가 있으니, 이 재앙이 어디서부터 오는 것이지를 바르게 안다면 어찌하면 불행한 싸움이 없이도 슬기롭게 인구를 조절하고 평화롭게 공존할 수 있는지를 연구해야 하지 않겠습니까?

우리가 무시당하는 것은 무척이나 싫고 또 아프잖아요. 지금까지의 역사가 우리가 너무나 무지해서 핍박과 천대를 받았고 노예처럼 시달리고 살았습니다. 그러니 이젠 서서히 대한민국이 국제사회에 기여를 함으로서 다시는 그렇게 대우받는 상황을 만들지 말아야 합니다. 우리가 받는 대우는 우리 스스로 만드는 것

2023.11.17./서 경례/전체를 모르고 부분만 보는 지식인들

Low birth rate problem(18/32)

When such tragedies occur, it is desirable to think about eliminating such deaths. There is no need to force yourself to have more children. The simple idea that we can increase the number of people by having more children, regardless of whether or not we die from bombs on one side of the world, is not wise. This does not fit with the laws of nature when looking at the entire global village, which is in a state of severe abnormal climate.

Rather than encouraging childbirth, let's think again about adopting children within our country instead of abandoning those who have already been born, not sending them for adoption overseas, and not being reluctant to adopt someone else's child. Our country has a past of exporting many young babies for adoption due to poverty or other reasons, so it is time to stop.

Do you know how much care we give to our dogs? And not just one, but two or three.

In other words, what can people who are thinking about raising a dog but are reluctant to raise other people's babies do by increasing the birth rate? If we can't give our humans the same sincerity that we put in a plastic bag and throw away when a dog urinates here and there, then bringing up the birth rate is a foolish idea and a contradiction.

Only by first looking at this pathological situation of us raising dogs and cats instead of children can we properly recognize our low birth rate problem.

Also, rather than forcing children to give birth, it is urgent to guide already grown children on a path to a healthy life to prevent them from committing suicide.

2023.11.20./Seo Kyung-rye/The reality of not being able to see what is there

저출산 문제(18/32)

평화롭게 지구촌이 공존할 수 있는 방법을 세계가 찾지 못하고 있어서 저리 그동안의 모든 무기들이 춤을 추기 시작하는 마당에 다시 말하면 지구가 평화롭게 자정능력을 발휘하지 못하니 강제로 죽여서라도 인구밀도 구조조정이 단행되는 마당에 한쪽에선 미사일 폭탄으로 죽어가든 말든 우리만 더 삐약삐약 낳고 말겠다는 발상이, 이상기후가 심각한 상태에 있는 지구촌 전체를 바라보는 자연의 법칙에서는 맞지가 않습니다.

출산을 독려하는 것보다 이미 출산된 생명을 버리지 말고(지금도 버려지는 어린 신생아들이 있음) 미혼모가 낳았다고 해외로 입양을 시키지 말고, 남의 아이라고 꺼리지 말고 우리 국내에서 입양을 하는 일부터 다시 생각을 해 봅시다. 우리나라가 그동안 참으로 많은 어린 아기들을 물건도 아닌 자녀들을 가난으로 인해서 아니면 다른 이유로 인해서 수출하듯 입양시켰던 과거를 가진 나라이니 이제는 그만할 때도 되었습니다.

우리가 강아지는 얼마나 애지중지 키우고 있는지 아시는지요? 그것도 한 마리가 아니고 두 마리 다시 세 마리로 늘어납니다. 즉 강아지 키울 생각은 하는데 남의 아기는 꺼리고 있는 국민이 출산율은 높여서 무엇하리오.!
강아지가 여기저기 똥 오줌을 싸면 그것조차 비닐에 담아서 버리는 정성을 우리 인간한테 쏟지 못한다면 출산율을 거론하는 것은 어리석은 발상이고 모순입니다.

강아지와 고양이를 아이 대신 키우는 우리들의 이 병적인 모습을 먼저 냉철하게 바라 보아야만 우리의 저출산 문제도 바르게 인지할 수 있습니다. (대통령도 그것이 하나의 기형적인 모순인지를 잘 모르고 강아지 고양이를 집안에 키우면서 저출산 정책을 얘기하고 있는 것이 현실) 또한 출산을 억지로 만드는 것보다는 이미 성장한 자녀들이 자살하지 않도록 건강한 삶의 길을 안내하는 것이 급한 것이고(코로나 팬데믹 기간 우리나라 자살률이 코로나로 인한 사망률보다 높습니다. 또 OECD 국가 중 자살률이 우리나라가 1등 국가)

2023.11.20./서 경례/있는 것도 못 보는 현실

Low birth rate problem(19/32)

How will the people earn dollars if they don't sweat! Lawmakers do not earn dollars. They only fight and spend dollars. Even though 300 trillion won has been invested, there is no result, so next year's birth rate is 0.68%.

The anchor asks a question. What could be the silver bullet to solve the problem of low birth rate? Then, the vice-chairman of the government's low birth rate committee said it was because of a lack of money. They say that 300 trillion won has not been used selectively and without any results, so I ask my friends to listen carefully to what kind of nonsense they are talking about. It will be on YouTube, so from now on, I hope you will always look back on the stories of politicians and those presenting government policies and write them down on paper to discern them little by little.

As long as we fail to present the right policies for the future and continue to make mistakes, the people will suffer economically. Even if they make a mistake and fail to produce any results, their salaries are high, their pensions are rising, and their interest income is rising, but what about the fact that the majority of ordinary people are the opposite?

I also heard from a 4-term member of the Democratic Party's National Assembly, and I also heard a man named Jo Jeong-hoon say that we should do something, and he said that we should use the labor of Southeast Asian women. I am now hearing on the news that the vice-chairman of the birth committee is giving an answer to the silver bullet.

They try their best to answer, but there is no answer. Even though he is such a high and important government official, the politicians don't know. The higher their position, the more valuable words should come out of their mouth. In order to receive valuable answers, the people give power, positions, and provide a lot of funds. But now policies are not coming out of their mouths. So, I suggest that you don't do anything, don't spend any budget, and just get paid. Otherwise, you could just take a look at the policy details I posted and share them together to run the country.

2023.12.16./Seo Kyung-rye/Now is the time when the people must know.

저출산 문제(19/32)

국민이 피땀을 흘리지 않으면 달러를 어떻게 벌 수 있을 것인가! 달러는 국회의원들이 벌지 않아요. 그들은 오로지 싸우면서도 달러를 쓰기만 합니다. 300조 원을 쏟아붓고도 결과가 없으니 내년 출산율이 0.68%.

앵커가 질문합니다.
과연 무엇이 저출산 문제를 해결하는 묘책이 될 수 있느냐고요? 그랬더니 정부의 저출산고령사회위원회 부위원장의 입에서 나오는 소리가 돈이 부족해서 그렇다고 합니다. 300조 원을 선택과 집중을 해서 쓰지 못해서 성과가 없다고 하니 이 무슨 헛소리를 하는지 친구님들은 잘 들어 보시기 바랍니다. 유튜브에 나와 있을 테니 앞으로는 정치인들이나 정부의 정책을 제시하는 자들의 얘기를 항상 돌려보고 종이에 적어보면서 조금씩 분별하시기 바랍니다.

미래를 위한 바른 정책을 제시하지 못하고 저렇게 헛다리를 짚어 나가는 동안 국민은 경제적으로 골병이 드는 겁니다. 그들은 헛다리를 짚고 아무런 결과를 내지 못해도 월급이 빵빵하고 연금이 올라가고 이자 수익도 올라가고 주식도 많아지지만 대다수의 서민은 그 반대라는 사실은 어찌할 거냐고요?

필자가 민주당의 4선 국회의원 경력자의 얘기도 들어보았고, 조정훈이라는 자의 아무거라도 해야 한다는 소리도 들었는데, 그것도 방송에 나와서 말이죠! 그러면서 저 동남아 여성들을 이용하자고 하네요. 그걸 정답이라고 듣고 있는 대통령도 그렇고, 지금 저출산고령사회위원회의 부위원장이라면서 묘책에 대한 답변을 하는 것도 뉴스에서 듣고 있습니다.

답변은 열심히 하는데 답이 없잖아요. 그토록 높고 중요한 정부의 고위직임에도 모르잖아요. 직책이 높으면 그만큼 더 가치 있는 소리가 입에서 나와야 합니다. 가치 있는 정답을 듣기 위해서 권력을 주고 직책을 주고 많은 자금을 대주고 있습니다. 그런데 지금은 정책이 입에서 나오지 않습니다. 그러니 필자가 차라리 아무 일도 하지 말고, 예산도 쓰지 말고 그냥 월급만 받아 가라고 제안을 합니다. 아니면 필자가 올려 주는 정책적인 내용을 좀 보면서 함께 나누면서 국가 살림을 운영하면 될 텐데 말입니다.

2023.12.16./서 경례/이제는 국민이 알아야만 하는 시대.

Low birth rate problem(20/32)

Let's take a look at the government's silver bullet, as suggested by Kim Young-mi, Vice Chairman of the Low Birth Rate and Aging Society. The figure of 0.68% is a long-term outlook, and it is said that the birth rate will rise again starting next year as marriage and childbirth, which had been delayed due to the coronavirus, will recover.

They also say that they were unable to solve the low birth rate problem because they were unable to select and focus their enormous budget. At the same time, they are citing the problem of concentration in the metropolitan area, private education, academic background issues, and a rigid labor market environment as the causes. It is also said that in order to solve these complex problems, labor reform, education reform, and stabilization of housing prices are needed, which is why the budget was insufficient.

At the same time, let us acknowledge the reality that some conclude that competition for entrance exams centered on academic background, which is a social structure, is the cause of low birth rates, or that it is due to a lack of budget. Since she doesn't know the root cause, she's busy making excuses.
But if the above is true, isn't it a bit strange?

In the Palestinian refugee camp in the Gaza Strip, there is no money, the educational environment is poor, let alone a caring environment, and the birth rate is still insanely high. Even when our mothers had no food and were ignorant, they gave birth to many children, ushering in the baby boom era in Korea.
How do we explain the high birth rate in the Gazi region of Israel and our past era?
Did our parents have so many children because they could afford to pay for their education?
Or did they just buy a house in advance and have children?

2023.12.16./Seo Kyung-rye/We need to accurately understand the root cause again

저출산 문제(20/32)

김영미 저출산고령사회위원회 부위원장이 말하는 정부의 묘책을 봅시다. 0.68% 라는 수치는 장기적인 전망을 내놓은 것이고, 내년부터는 코로나로 인해 늦춰졌던 결혼과 출산이 회복되기 때문에 출산율이 다시 높아질 것이라고 합니다. 또한 막대한 예산을 선택과 집중을 못 했기 때문에 저출산 문제를 해결하지 못했다고 그럽니다. 그러면서 수도권으로의 집중 문제 사교육과 학벌 문제, 그리고 경직적인 노동시장 환경 등을 원인으로 꼽고 있네요.

또 이런 복잡한 문제들을 풀기 위해서는 노동개혁, 교육개혁, 집값 안정화 등이 필요하고 그런고로 예산이 부족했다고 합니다. 여러분들도 유튜브에 있으니 찾아서 봅시다. 정부의 최고위 직책이 하는 말들을~

그러면서 또 사회 구조적인 학벌 위주의 입시 경쟁이 저출산의 원인이라는 등 예산이 부족해서 그렇다는 등 돌봄 현장 육아휴직의 확산으로 결론을 내는 현실을 우리는 인정합시다. 근본 원인을 모르니 둘러 대기에 바쁘고~

그런데 위의 말이 사실이라면 조금은 이상하지 않나요?

팔레스타인 난민촌 가자지구는 돈도 없어, 교육환경도 열악해서 돌봄 환경은커녕 징그럽게도 못 사는데 출산율이 지금도 미치도록 높습니다. 우리네 엄마들이 먹을거리가 없었고 무식했던 시절에도 자녀를 한 다스씩 낳은 바람에 베이비붐 시대가 한국에 열렸습니다. 현재 이스라엘의 가자지구와 우리의 과거시대 높았던 출산율은 어찌 설명을 해야 하나요? 우리의 부모님들이 교육비가 장만이 되어서 자녀를 그리 많이 낳았을까요? 아님 집장만을 미리 해 놓고 자식을 낳았을까요?

2023.12.16./서 경례/근본 원인을 정확하게 다시 알아야

Low birth rate problem(21/32)

It is unthinkable that the people are being bruised by our politicians wasting the people's tax money with policies that are bound to have no policy effect. Look again at Jo Jung-hoon's story of saying whatever he wants, and listen again to Kim Young-mi's words. Imagine if they could bring the right policies to the president.

Humans have not just lived until now. Everything has stages. Human society has not just lived in random ways, but has lived with a purpose. You too have a purpose in life.
What is your life purpose?
Humans have things they must do, and they will do them when they come to their last life. When a human reaches the end of his final evolution, he will be extremely intelligent and well-educated. At such times, he either does not try to have children or gives birth to fewer children.

If I were to explain all of humanity simply as a symbol,
Stage 1: The lower body age of mankind, the age of ignorance, the same level as beasts,
A time when people were treated like slaves - the more ignorant they were, the easier it was to execute them

Stage 2: Human body era,
The formula finally came out, so it was a time of knowledge, animals. Living as a person develops into an intermediate stage to find one's personality. However, it is still an age of ignorance, knowledgeable but ignorant,
In the post-World War II era when Einstein initiated human scientific development in earnest, human material civilization advanced dramatically)

Stage 3: Humanity's head era, future era, knowledge learning is basic, development from ignorance to wise knowledge, era of human respect, educational paradigm changes, scientific environment to robot era

2023.12.17./Seo Kyung-rye/We need to know our current location.

저출산 문제(21/32)

조정훈, 김영미라는 사람의 말뿐만이 아니고 전부 다 들어 보세요. 정책적 효과가 없을 수밖에 없는 정책으로 국민의 혈세를 낭비함으로 인해서 국민이 멍들어 가는 것은 생각을 못하고 아무거나 해야 한다는 말을 하는 조정훈 얘기도 다시 보시고, 김영미의 말도 다시 들어 보십시오. 대통령한테 바른 정책을 올려 줄 수가 있을지 상상해 보세요.

인간은 지금까지 그냥 산 것이 아니고요. 단계가 있답니다.
인류사회가 그냥 아무거나 식으로 살아왔던 것이 아니고 목적이 있어서 사는 것이랍니다. 여러분도 삶의 목적이 있잖아요. 여러분의 삶의 목적은 무엇입니까?

그것은 자기가 해야만 하는 일이 있는데, 그것을 마지막 인생으로 왔을 때에 하게 됩니다.

인간이 마지막 진화가 끝난 시기가 되면 대단히 머리가 좋고 학문적인 교육을 많이 받은 상태가 됩니다. 그런 때에는 애를 낳으려고 하지 않거나 낳아도 적게 낳습니다.

인류 전체를 간단하게 표식처럼 설명드리면
(1단계 인류의 하체시대, 무식한 시대, 짐승과 같은 수준, 인간을 노예처럼 부리던 시대-무식할수록 쉽게 사형시킴)
(2단계 인류의 몸통시대, 드디어 식이 나옴, 그래서 유식한 시대, 동물로 살던 것이 인격을 찾아가려고 중간단계로 발전함, 그러나 아직은 무지한 시대, 유식하나 무지함, 아인슈타인이 인류의 과학적 발전을 본격적으로 태동시킨 2차 대전 이후의 시대, 인류의 물질문명이 비약적으로 발전)
(3단계 인류의 머리시대, 유식은 기본장착, 無知에서 知로 발전, 인간 존중시대, 교육적인 패러다임이 바뀜, 과학은 로봇시대로)

2023.12.17./서 경례/우리의 현재 위치도 알아야 하고

Low birth rate problem(22/32)

The homework that humans must do to achieve their purpose in life is not as simple as sharing food, but is extremely difficult. Is your life ever so easy? It's difficult for everyone, whether they know it or not.
That's why we made them study law, physics, mathematics, etc. so hard to understand those difficult things. It's to develop excellent hair, and that's the end. There was a reason why school studies were important. If your understanding is not up to par, or even if you have excellent skills, if your desires block your path, then if your understanding is poor, you will do easy things, but you will not be able to do difficult things.

However, in Korea, young people who are growing up have not yet received truth education that helps them develop character, but on average they have received the best academic education in the world.

So, should young people who have grown up so excellently have to waste all their energy just giving birth to babies like our ignorant mothers did in the past?
Or should we do something bigger than that and contribute to the larger society?

In a word, excellent young people should raise humanity's many babies well, rather than wasting a lot of time by giving birth to only their own children. They will only find value in their studies if they play a role in properly educating human society.
Our young people are so smart and talented that the more they study, the more they have to free themselves from the burden of raising their own children.

2023.12.17./Seo Kyung-rye/Phenomena in which childcare becomes more difficult as the level of education increases

저출산 문제(22/32)

인간이 자신이 사는 목적을 달성하기 위해서 해야 하는 숙제가 음식을 나누는 정도로 그리 단순한 것이 아니고 대단히 어렵습니다. 여러분들 살아가는 삶이 어디 그리 쉽던가요. 다들 알게 모르게 어렵습니다. 그래서 그 어려운 것을 이해하려고 그토록 열심히 법학이며 물리학이며 수학 등을 공부시켰던 것이지요. 머리를 우수하게 발달시키기 위해서인데 그것이 끝.

학교 공부도 그래서 중요했던 이유가 있었습니다. 이해력이 따라오지 못하거나 두뇌가 우수해도 욕망이 앞을 가리면 그래서 이해력이 떨어지면 쉬운 일은 하지만 어려운 일은 못합니다.

그런데 지금 대한민국은 자라나는 젊은 친구들이 인성이 성장하는 진리교육은 아직 받지 못했지만 학문적인 교육은 세계에서 가장 우수하게 받은 상태가 됩니다. 평균적으로

그럼 이토록 우수하게 성장한 젊은이들이 그 옛날 무식했던 우리 엄마들처럼 아기만 낳아서 자신의 에너지를 다 써야 되겠습니까? 아님 그것보다 더 큰일을 해서 더 큰 사회에 보탬이 되어야 하겠습니까? 여러분이 자식을 키워 봐서 알겠지만 자신의 자녀를 낳다 보면 너나없이 팔이 안으로 굽어서 사람이 작아집니다. 자식 때문에 아무 일도 못하고 우스운 꼴이 되어 명예가 떨어지는 것을 보셨을 텐데요.

한 마디로 우리 대한민국의 우수한 젊은이들은 자기 자녀만을 낳아서 많은 시간을 빼앗기라는 것이 아니고, 인류의 많은 아기들을 잘 키우고 인류사회를 바르게 교육하는 역할을 해야만 공부한 보람을 찾는 겁니다. 우리의 젊은이들은 너무 똑똑하고 잘났기 때문에 공부를 많이 하면 할수록 단순히 자기 자녀와 육아에서는 벗어나야만 하는 것입니다.

2023.12.17./서 경례/교육수준이 높아질수록 육아는 벗어나는 현상들

Low birth rate problem(23/32)

Now that you have had children, let's reflect on the past times one more time. Are the pain of other countries' children as painful and bitter as the pain of my own?

What it means to call for high birth rates is, "I am obsessed with what is mine." It means "not interested in others" or "not interested in other countries." Therefore, we are in a "frog in the well" state, with no national competitiveness. That is. Now is the time for us to break away from the narrow perspective of being like a frog in a well within the Republic of Korea.

It also means that we don't care about global population density. Let us look at the entire global village, look at the global village's abnormal climate, and expand our thinking to discuss the causes of global pollution.

As the world is saturated, I have heard Elon Musk keep saying absurd things about going to Mars. In addition, children are dying in Ukraine and in the Gazi district. People who were alive are dying, and we are only trying to increase our birth rate.

So, do you think it is appropriate to bring up the problem of low birth rates, which does not exist, in a situation where the living creatures that already exist in this world cannot be saved and are being lost to suicide and war?

What are we going to do if we keep having children when we have no ability to prevent young people from committing suicide? South Korea is the country with the highest suicide rate in the world.

2023.12.17./Seo Kyung-rye/What is urgent?

저출산 문제(23/32)

여러분이 자녀를 낳아 보았으니 지난 시절을 한 번 더 반추해 봅시다. 내 새끼한테 집착하는 순간 다른 집 자녀들의 고통이 보이던가요? 내 새끼가 아픈 것만큼 다른 나라의 자녀들의 고통이 아프고 쓰라리던가요?

고출산을 외친다는 것이 무엇을 의미하는 것이냐 하면 "내 거에 집착한다." 라는 의미이고 "타인한테는 관심 없음", "타국에도 관심 없음." 따라서 국가적 경쟁력이 없는 존재가 되어 있는 "우물 안의 개구리 상태." 라는 것입니다. 이제는 대한민국 내의 우물 안 개구리에서 우리가 벗어날 때가 되었습니다.

그것은 또한 지구촌의 인구밀도도 관심이 없다는 얘기가 됩니다. 우리가 지구촌 전체를 보고 또한 지구촌의 이상기후를 보고 지구촌의 오염의 원인도 생각을 확장해서 해보고 얘기를 합시다.

지구촌이 포화 상태다 보니 일론 머스크가 자꾸 화성으로 가야 한다고 엉뚱한 소리를 하는 것도 필자는 들을 수가 있었습니다.

뿐만 아니라 우크라이나에서도 가자지구에서도 어린이들이 죽어가는데 살아있던 사람들이 죽어가는데 그것은 전혀 관심이 없다는 얘기도 됩니다. 오로지 우리 출산율만 높여서 정치적인 성과를 내고 싶은 것이랍니다.

그러니 이미 이 세상에 존재하는 인간이라는 생명체도 살리지 못하고 자살과 전쟁으로 잃어버리고 있는 상황에서 존재하지도 않은 저출산 문제를 거론하는 것이 타당하다고 보십니까? 우리 대한민국이 자살률도 1등인데 젊은이들 자살을 방지할 능력도 없으면서 자꾸 애만 낳아서 무엇 하려고요?

2023.12.17./서 경례/급한 것이 무엇일까!

Low birth rate problem(24/32)

The United States is 100 times larger than Korea. So will the United States have a population 100 times that of South Korea? The United States' population is approximately 330 million as of 2022, and Korea's population is approximately 52 million as of 2022.

The population of Korea is not small compared to the size of the land, There is no talent that can solve problems that advanced countries cannot solve. The truth is not that it doesn't exist, it's that it hasn't been revealed yet.

Now let's move away from the past idea that competitiveness is simply based on the number of people. From now on, even just one person will lead the world with intellectual excellence in each field. The Internet is a great tool that allows you to do just that.

In order to run the world together with the United States, it is only possible if the intellectual excellence of one Korean person is as great as that of 100 people around the world combined.

Only then will we be able to solve America's problems and repay the United States for helping us.

Although the land mass of the United States is 100 times larger than that of Korea, the reality is that the country is facing many social problems due to its expansion. Just look at the homeless people lying in the middle of LA, sleeping with ugly faces, even in broad daylight. This means that this is not an object or an animal, but a human being like us. Also, do you know how much drugs are impoverishing American society?

Even now, there is a standoff at the Mexican border between refugees trying to cross and the government trying to stop them. If we don't solve America's problems, it will spread to us as well.

While the Republic of Korea is neglecting global problems, it is becoming a hotbed of drug criminals to the extent that the country has to give up its honorable name as a drug-free region.

Another important thing we must keep in mind is that people who are in good physical condition are being left to waste their lives in prison cells. We are trying to increase the birth rate without being able to make the living part of society again. We may have given up on them because of our ignorance.

Rearranging
When living young people who have worked hard to raise children commit suicide, is it reasonable for the public to tell them to have children again without being able to prevent it?

Many people are unable to live a decent life even if they live in prison.
Do you think it is reasonable to say that we should have more children in a situation where each prisoner spends 2 million won in national taxes on prison fees?
Do you think it is reasonable to call for a high birth rate when our people, from the lowest level to the president, adopt and cuddle puppies instead of babies?

2023.12.17./Seo Kyung-rye/In the reality of spending money on expensive dog carriages

저출산 문제(24/32)

미국이 한국보다 땅의 크기가 100배가 큽니다. 그러면 인구가 100배가 될까요? 미국은 인구가 2022년 기준으로 약 3억 3천만 명, 한국의 인구가 2022년 기준으로 약 5천 2백만 명이니 대한민국이 지금 땅의 크기에 비해서 인구가 작은 것은 아니고요. 선진국들이 풀 수 없는 문제를 풀 수 있는 인재가 없는 것입니다. 사실 없는 것은 아니고~

이제는 단순히 사람의 머리 숫자가 경쟁력이라는 과거의 생각에서 벗어납시다. 지금부터는 단 한 사람이라도 각 분야의 지적인 우수성이 세계를 이끌어 갑니다. 인터넷은 바로 그것을 가능하게 해주는 훌륭한 도구가 됩니다.

미국과 더불어 대등하게 세계를 경영하려면 대한민국 1명의 지적인 우수함이 미국인 100명을 합친 것만큼 우수해야 비로소 가능하고 그래야 미국의 문제를 풀고 우리를 도와준 미국에 그 보답을 할 수가 있게 되는 것이지요.

미국이 땅덩어리가 한국보다 100배가 크지만 그동안 국가가 확장되느라 많은 사회적인 문제점을 안고 있는 것이 현실입니다. 저리 하얀 대낮에도 LA 중심가에 흉한 몰골로 누워 자고 있는 홈리스들을 보라고요. 이것이 물건도 아니고 짐승도 아니고 우리 인간이란 말입니다.

또 마약은 얼마나 미국 사회를 피폐하게 만들고 있는지 아십니까? 지금도 멕시코 국경에선 넘어오려는 난민과 그것을 막으려는 정부 사이에 대치가 벌어지고 있습니다. 이것이 남의 일처럼 느껴진다면 그 정치인은 앞으로는 끝없이 추락할 것입니다.

미국 문제를 해결하지 못하면 우리한테도 전염됩니다.
대한민국이 세계적인 문제점을 방치하고 있는 사이에 어느덧 대한민국도 마약 청정지역이라는 명예로운 이름을 내려놓아야 할 정도로 마약범의 온상이 되어 가고 있습니다.

중요한 부분 중의 하나가 또 신체가 멀쩡한 사람들이 감방에서 인생을 허비하는 것을 방치하고 있다는 사실인데, 살아있는 자들을 다시 사회의 일원으로 만들지 못하면서도 우리는 출산율을 높이려고만 하고 있습니다. 무지하다 보니 그들을 포기한 것인지 모를 일입니다.

다시 정리하면
애써 다 키운 살아있는 사람들이 자살을 하는데 그것을 막지 못하고 다시 아이를 낳으라고 하는 것이 타당한지요?
멀쩡한 사람들이 감옥에서 저리 살아도 살지를 못하고 죄수 1인당 국민 세금을 200만 원씩 교도비로 지출되는 상황에서 아이만을 더 낳자고 말하는 것이 타당하다고 보시는지요?
우리 국민이 저리 말단부터 대통령까지 아기 입양 대신 강아지를 입양하고 껴안고 사는데 고출산을 외치는 것이 타당하다고 보시는지요?

2023.12.17./서 경례/비싼 개모차에 돈을 쓰는 현실에서

Low birth rate problem(25/32)

If you look at the entire land from above by combining the lands of the United States and the Republic of Korea, the population density of Korea is not that small.

If we greatly expand our thinking paradigm to the entire global village, the issue of low birth rate is not a problem. They continue to mislead public opinion by calling it a problem, and fail to address even a single important national issue. It is an attempt to attract attention by diverting the public's attention to the wrong place.

Now that we have solved all the very important issues that need to be resolved, such as education, labor, and polarization, it is not too late to consider having more children. That times have changed

In many ways, this means we need to think differently. The number of our citizens living abroad is very large. The bloodlines of citizens who went abroad must be viewed as mixed.

Mixing bloodlines is a natural phenomenon as it means going on to the world stage.

It can be inferred that the concept of pure bloodlines has disappeared as a result of the world's fastest mixing system, which was the last remaining pure bloodline in the world.

That's why I expressed that Korea is disappearing, and the meaning is not completely wrong.

However, this is not a problem to worry about as Korea is entering the world stage in earnest. When you go out into the world, your bloodlines mix, but again, the world's best and most diverse people gather here. In a word, Korea has become a global entity and is not disappearing, but is changing.

2023.12.18./Seo Kyung-rye/Korea is transforming.

저출산 문제(25/32)

미국과 대한민국의 땅을 합쳐서 위에서 전체를 내려다보면서 생각해 보면 대한민국의 인구밀도가 그리 작지 않습니다. 생각의 패러다임을 지구촌 전체로 크게 확장시키면 저출산 문제는 문제가 아닌 것입니다.

자꾸만 문제라고 하면서 여론을 호도하고 정작 중요한 국가적 문제는 하나도 손을 대지 못하면서 엉뚱한 곳으로 국민의 눈을 돌려서 관심을 받으려고 하는 것입니다. 교육문제 노동문제 양극화 문제 등 해결해야 할 너무나 중요한 모든 문제를 다 풀고 나서 이제는 우리가 여유가 생겼으니 아이를 더 낳아보자고 해도 늦지 않습니다.

시대가 변했다는 것은 많은 부분에서 이제는 생각을 달리해야 한다는 것을 의미합니다. 외국에 나가 있는 우리 국민의 숫자가 아주 많습니다. 이제는 더 이상 많이 늘어나지 않는 것으로 보입니다만 외국으로 나간 국민의 혈통은 일단은 섞인다고 보아야 됩니다. 세계무대로 나가는 것이니 당연한 현상인데요.

지구촌에서 순수 혈통으로 마지막까지 남아있다가 이제는 세계에서 가장 빠르게 섞이게 되는 구조가 만들어지다 보니 순수 혈통의 개념도 없어지게 생겼음을 외국에 나가 있는 한국인들은 짐작할 수 있습니다. 그래서 한국이 없어진다는 표현을 했던 것이고 그 의미가 완전히 틀린 것도 아니랍니다.

그러나 그것은 한국이 본격적으로 세계무대로 나간다는 것이니 걱정할 문제는 더욱 아닌 것이지요. 세계로 나가면 혈통이 섞이지만 다시 세계의 우수하고 다양한 사람들이 여기로 모이게 되는 것입니다. 한 마디로 한국은 Global한 국제적인 존재가 되어 없어지는 것이 아니고 바뀌어지는 것입니다.

2023.12.18./서 경례/한국은 변신하는 중.

Low birth rate problem(26/32)

The words of foreigners saying that Korea will disappear are so popular that they cause an uproar on the airwaves. Do you remember how many times our people have used the word "global"?

"GLOBAL KOREA"
"GLOBAL Seoul"
Readers! Do you remember shouting out the words "International City Seoul" so much? Politicians should not continue to deliberately create public anxiety with half-formed knowledge. If they do that, they will not be able to do their jobs and politicians themselves will not be able to achieve results.

Since what we say, do, and do as politicians are already being recorded, we must stop making ad hoc policies. Of course, all of the budget spent so far will go back to our people, so there will be no further waste. There is no need for the public to be upset over funds already spent in the past.

However, since we are running out of time, we must stop pursuing policies that keep making mistakes.

What we've been shouting so hard about
To "International City Seoul"
There is a long way to go for the Republic of Korea to appear in human history as "Korea in the world."

Once again, I open my arms and open my future to you.
"Korea to the world"
"The world comes to Korea"
"International City Seoul"
"Financial mega SEOUL KOREA"
ah! SEOUL KOREA (There's a song too.)

2023.12.18./Seo Kyung-rye/The world goes to Korea

저출산 문제(26/32)

한국이 없어진다는 외국인의 말은 그리 귀에 꽂혀서 이리 방송에서도 난리를 치는데, 우리 국민이 그동안 "글로벌 Global" 이란 단어를 얼마나 많이 사용했는지는 기억하십니까?

"GLOBAL 한국"
"GLOBAL 서울"
"국제도시 서울" 이란 단어를 그토록 외쳐 댄 것은 기억을 못 하고, 반쪽짜리 지식으로 자꾸만 국민 불안을 일부러 만들어서 몰고 가면 정작 할 일은 못하고 정치인 자신도 성과를 못 내는 것 우리가 정치인으로서 했던 말과 일과 행적들이 이미 기록되고 있으니 임시방편으로 정책을 만드는 일은 그만해야 하겠습니다.

물론 지금까지 예산을 쓴 것은 대한민국 안에서 썼을 테니 그로 인한 소비도 모두 우리 국민한테 돌아갔을 터라 더 이상의 낭비만 없다면 과거의 이미 집행된 자금을 가지고 국민이 속상해할 필요는 없습니다.

그러나 시간이 그리 한가하지 않으니 앞으로는 자꾸 헛다리를 짚는 정책은 그만해야 합니다.

우리가 그동안 입으로 무척이나 외쳐대던
"국제도시 서울" 로
"세계속의 한국" 으로
인류 역사에 드러나려면 갈 길이 바쁩니다.

다시 한 번 필자가 두 팔을 벌려서 활짝 미래를 열어 드립니다.
"대한민국은 세계로"
"세계는 대한민국으로"
"국제도시 서울로"
"금융의 메가 SEOUL KOREA"
아! SEOUL KOREA(노래도 있네요.)

2023.12.18./서 경례/세계는 대한민국으로

Low birth rate problem(27/32)

Take a look.
How do you think of the candidates for hearings and the many politicians who only care about themselves and their children without paying attention to other families' children? That's how we are.
How can someone who only considers the children he gave birth to as his children run the country? How would such a person further manage the world? If we say that only our blood is our blood and that the children of other countries belong to others and that we don't know about them, how can such a people live well?

It is okay for other countries to do this, but it is not tolerated in Korea, where we have the best intellectuals. Even at this very moment, the global village is exploding as the number of people born exceeds the planet Earth's capacity. Egypt, refugee camps, Africa, and underdeveloped countries~
Korea has the best natural environment in the world. The social system is so clean and convenient that reverse immigrants are already coming back. Korea is not the Korea of the past, but is now a country with the most advanced social infrastructure. The same applies to housing. This may be true even though it has not yet been revealed to the world, but if someone starts to solve America's social problems in earnest, all the elites of advanced countries will move to Korea.

The population of the Republic of Korea will not gradually disappear, but intellectually advanced brains will flow in, so the Republic of Korea will disappear and a top-class country, the country of the elite, INTERNATIONAL KOREA, will be created. So let's not worry about that birth, and let's not fixate our thoughts on the number of heads.
We must prepare to grow into an educational city that will improve global problems and create a society that respects humanity so that the world's elite can flock to it.

2023.12.18./Seo Kyung-rye/Reverse immigration is already increasing

저출산 문제(27/32)

보십시오.
내 거. 내 새끼만 끼고돌면서 다른 집의 자녀들은 안중에도 없이 살았던 많은 정치인들이 또 청문회 후보들이 어찌 보이시는지요. 우리들의 모습이 그렇습니다.
내가 낳은 자식만을 자식이라고 여기는 자가 어떻게 국가를 경영하고 더 나아가 어떻게 세계를 경영하겠습니까? 우리 핏줄만 핏줄이라서 우리 혈통만을 꼭 낳아야지 다른 나라의 자녀들은 남의 것이니 난 몰라라고 한다면 그런 민족이 잘 살 수가 있겠는지요?

타국은 그리해도 됩니다만 최고의 지식인들인 대한민국만은 용납되지 않습니다. 지구촌은 지금 이 순간에도 태어나는 인구가 지구라는 별의 수용 가능 한도를 초과해서 삐약삐약 폭발하고 있어요. 이집트도 난민촌도 아프리카도 저개발국가들도~
그리고, 대한민국 금수강산은 지구촌 최고의 자연환경이고 사회적 시스템도 너무나 깨끗하고 편리하다 보니 벌써부터 역이민자들이 다시 돌아오는 시동을 켜고 있습니다. 대한민국의 과거의 혈통들은 비록 외국에서 자리를 잡고 살았다 해도 나이 들어 정리할 때가 되면 한국으로 오고 싶어 합니다.

과거의 한국이 아니고 지금은 최고로 고급화된 사회적 인프라를 갖추고 있는 나라가 또한 대한민국입니다. 주택부터 그러합니다. 아직 세상에 드러나지 않았는데도 그러할진데 누군가 본격적으로 미국의 사회문제를 풀기 시작하면 선진국들의 엘리트들이 전부 한국행을 할 판입니다.

대한민국의 인구는 점점 없어지는 것이 아니고, 지적으로 고급의 두뇌들이 유입될 것이니, 대한민국이 사라지고 초일류 국가인 엘리트의 나라 INTERNATIONAL KOREA 대한민국이 생기는 것입니다. 그러니 저출산을 걱정할 것이 아니고, 머리 숫자에 생각을 고정시키지 말고 세계의 엘리트들이 몰려올 수 있도록, 지구촌의 문제점을 개선하고, 인간존중의 사회를 만드는 교육도시로의 성장을 준비해야 합니다.

2023.12.18./서 경례/벌써부터 역이민이 증가하고

Low birth rate problem(28/32)

My Facebook friends also say this.
In the past, when we traveled abroad, people didn't even know where Korea was located. Since they did not know the existence of a nation, what could have been so disappointing to someone working abroad?

But now Where are you from? A woman asks me. Then, when I answered "From Korea," their expression immediately brightened and they jokingly asked me again if I was from South Korea or North Korea. That's about it for now.

however
What do you think Korea's status will be if it begins to solve the problems that cannot be solved, such as the current fight in Europe, the fight in Israel in the Middle East, and the refugee problem, homelessness problem, hunger problem, and drug problem in the United States? Who wouldn't travel to Korea, and can you imagine how warmly they will greet Koreans when they meet them?

Someone has to solve the problems that have festered and exploded because no one in the world has been able to solve them, and the test paper given to us becomes the answer to solving them.

Truly so, we must diligently prepare for such a time. We need to change from being selfish to thinking of each other first.

Retirees in their 60s and older need to find something exciting to do again and enjoy the rest of their lives. Young people in the digital generation must diligently create content and adapt to society instead of feeling anxious about the future and committing suicide. We need to create a face-to-face process for them to deal with the public.

2023.12.19./Seo Kyung-rye/We must change first

저출산 문제(28/32)

윤임섭 선생님께서도 말씀을 하십니다.
예전에 외국을 다닐 때에는 한국이 어디에 붙어 있는지조차 사람들이 몰랐다고요. 국가라는 존재 자체를 몰랐다는 것이니 외국에서 활동하는 사람한테 그것처럼 섭섭한 일이 어디에 있었을까요?

그러나 지금은 Where are you from? 하고 필자한테 여성이 물어옵니다. 그럼 필자가 From Korea 라고 대답하면 금방 표정이 밝게 바뀌면서 농담으로 남한이냐 북한이냐고 또 물어요. 지금은 그 정도입니다. 더도 말고 덜도 말고 딱 그 정도라구요. 겨우 아는 정도

그런데
지금 벌어지는 저 유럽의 싸움과 중동국가 이스라엘의 싸움과 미국의 난민 문제, 홈리스 문제, 기아 문제, 마약 문제 같은 도저히 풀 수 없는 문제들을 한국이 풀어주기 시작하면 미국에서 한국의 위상이 어떠하리라고 보십니까?

한국으로 관광하지 않을 자가 누가 있으며, 한국인을 만났을 때에 얼마나 반갑게 인사할 것인지 또 한국 제품의 위상이 한 번 더 올라갑니다. 따로 광고비를 들여서 광고하지 않더라도 저절로 올라갑니다.

인류의 누구도 풀지 못해서 곪아 터져버린 문제들을 누군가는 풀어야만 하는 것이고, 풀기 위해서 우리에게 주어진 시험지가 됩니다. 진실로 그러할지니 우리는 그러한 때를 대비하여 부지런히 준비해야 합니다. 이기적인 우리들부터 서로를 먼저 생각하는 자세로 바뀌어야 하고요.

60대 이상의 퇴직자들은 다시 신나게 자신의 나머지 삶을 즐겁게 보낼 일을 찾아야 하고요. Digital 세대의 젊은이들은 미래에 대한 불안과 자살 대신 부지런히 콘텐츠를 만들고 사회에 적응하고 국민을 상대하는 대면접촉 과정을 만들어 주어야 합니다.

2023.12.19./서 경례/우리부터 변해가야 하고

Low birth rate problem(29/32)

The Chairman of the Low Birth Rate and Aging Society Committee is the President, and the Vice Chairman is Kim Young-mi, and they must receive all information and establish policies. To do that, we need to get to know them first. Also, politicians from below should have accurately informed us of the future paradigm, but they failed to do so. The answer to the silver bullet question asked by the anchor on the last broadcast is at their level. Let's not just deny it, cover it up because it's the ruling party, or just ignore it.

Because it is important, the public needs to know. The level of not only Kim Young-mi herself but also the 300 members of the National Assembly are reflected in the answer. Since the people's money is being wasted there right now, what are we going to do about the fact that the more this happens, the more economically the people suffer?

Do you know how hard one side of our polarized society is holding on right now?

Let's analyze the words that came out of Kim Young-mi's mouth by writing them down in a notebook to see if they are a silver bullet. Only then can we grow or not; nothing can happen without effort. Elections can be run correctly only when the people can discern whether ministerial officials in Korea really know what low birth rates are. That is, if we are intellectuals and not ignorant people.

The global population is still exploding, and the average birth rate of advanced OECD member countries is 1.6, and the total fertility rate of Korea in 2023 is 0.78. Can you see the thoughts of young people in Korea who have grown up so smartly and well? One is too much, none is too little, So cut it down the middle and get 0.78 people. Newspapers would have made it a big issue as if it was a serious problem, but let's look at it from the other side. What forward-thinking young people these are! One is too many, and not having children is too little.

This figure is not an unfortunate sign that our country is disappearing the fastest in the world, but it means that our country is moving ahead to become a top-tier country the fastest. The posters that have been shouting "Seoul, an international city" and "Global Korea" are two different things from the ultra-low birth rate phenomenon.

It is "same words, different expression" that shares the same fundamental framework.

We were already making a future prediction that as we move into the world, bloodlines will mix and excellent foreigners will come back. While trying intellectually Korea does not yet have independent power. The reality is that they are not equal economically, militarily, or diplomatically, as they are not yet what the surrounding powers need.

So, in order for Korea to be needed, that is, for the Republic of Korea to be recognized in the world, population numbers are not important. It is whether or not there exists even just one person who loves humanity and has the capacity to lead the world! is important.

The intellectual level of our young people is already so high that one birth is too many.

There are many geniuses in Korea. When people are uneducated, they become pregnant and give birth without even thinking about it, but they change when they receive more school education. Will I be able to raise my child well educationally, economically, and environmentally? When you think about it, modern people do not give birth to children carelessly, and they are not yet confident in their lives. In other words, young people must have confidence in life. This does not only mean financial confidence, but the young people themselves are also at a loss, so the lack of confidence in becoming a spiritual pillar makes them hesitate to have children.

In the future, society will continue to take responsibility for child rearing issues.

The policy of unconditionally providing money when a child is born is not good. The reason is that it creates a strange counterproductive effect that causes a normal woman to produce babies like puppies in order to receive a small amount of child support money rather than come out into society and put forth her own efforts.

In Israel's Gaza Strip, they are officially refugees, so despite the poor environmental conditions and poor educational quality, people are constantly giving birth, getting pregnant, having sex, and getting pregnant again. Let's compare.

2023.12.20./Seo Kyung-rye/That childbirth is the meaning of global Korea

저출산 문제(29/32)

저출산고령사회위원회의 위원장이 대통령이고, 부위원장이 김영미이고 그들은 모든 정보를 받아서 정책을 수립해야 하는데, 그리하려면 그들부터 먼저 알고자 해야 합니다. 또한 밑에서 올려주는 정치인들도 정확하게 미래의 패러다임을 알려줘야 하건만 지난번 방송에 나와서 앵커가 질문한 묘책에 대한 답변이 그들의 수준이 됩니다. 부정한다거나 그냥 여당이니까 감싼다거나 그냥 눈 가리고 아웅 하는 식으로 넘어가지 말자고요. 국민도 알아야 하니까요. 대답에는 김영미 본인뿐만 아니라 국회의원들 300명의 수준이 거기에 다 녹아 있습니다.

당장에 국민의 혈세가 그곳으로 낭비되고 있음이니 그리하면 할수록 국민이 경제적으로 골병드는 것은 어찌할 것입니까? 양극화된 사회의 한쪽은 지금 얼마나 힘들게 버티고 있는지 아시는지요? 김영미란 사람의 입에서 나온 말들이 묘책인지를 노트에다 일일이 적어서 분석을 합시다. 그래야만 우리가 성장을 하던가 말던가 하는 것이지 그냥 노력도 안 하고 되는 일은 없습니다. 대한민국 장관급의 사람들이 저출산이 뭔지를 과연 알고는 있는 것인지 국민이 분별을 할 수가 있어야 선거도 바르게 할 수 있습니다. 우리가 무식한 자들이 아니고 지식인이라면 말입니다.

지구촌은 인구가 삐약삐약 지금도 폭발이고 선진국인 OECD 회원국의 평균 출산율은 1.6명, 대한민국이 2023년 합계 출산율이 0.78명입니다. 너무나도 똑똑하게 잘 성장한 대한민국 젊은이들의 생각이 보이시지요?
하나는 너무 많고, 없는 것은 너무 적고, 그러니 중간으로 잘라서 0.78명. 세상에서 유일하게 초저출산이라고 신문에서도 심각한 문제인 양 대서특필했겠습니다만 거꾸로 봅시다.

이 얼마나 앞서가는 젊은이들인지!
하나는 너무 많고, 안 낳자니 너무 적고 이 수치는 우리나라가 세계에서 제일 빠르게 소멸하는 불행한 징조가 아니고, 최고로 빠르게 초일류 국가로 앞서간다는 의미를 지닌 것이니, 그동안 외쳐댄 포스터 "국제도시 서울" "글로벌 대한민국"이라는 말과 초 저출산 현상은 말은 다르지만 근본 틀을 같이하는 "같은 말, 다른 표현"입니다.

세계로 나아갈수록 혈통이 섞이고 우수한 외국인들이 다시 들어온다는 그런 미래 예언을 우리가 이미 만들고 있었어요. 지적으로 노력하면서 말입니다. 한국이 아직은 독자적인 힘이 없습니다.

경제적으로도 군사적으로도 외교적으로도 주변의 강대국한테 필요한 존재가 아직은 못되다 보니 그들과 대등하지 못한 것이 현실입니다. 그러니 필요한 존재가 되기 위해서 즉 대한민국이 세계 속에서 인정을 받으려면 인구 숫자가 중요한 것이 아니고요. 단 한 사람이라도 인류를 사랑하고 세계를 이끌어 갈 수 있는 역량 있는 자들이 존재하느냐 아니냐! 가 중요한 것입니다.

하나를 낳은 것도 너무 많다고 할 정도로 우리 젊은이들은 지적인 수준이 이미 너무 높은 상태입니다. 천재들이 많아요. 교육을 받지 않았을 때엔 생각 자체를 하지 않고 임신하고 낳다가, 학교 교육을 많이 받고 보니 내가 과연 경제적으로 환경적으로 아이를 잘 키울 수가 있을 것인가! 생각을 하게 되기에 자녀를 함부로 낳지 않는 것이고, 아직은 삶의 확신이 없다는 것입니다.

다시 말하면 삶의 확신이 있어야 하는데요. 그것은 경제적인 확신만을 의미하는 것이 아니고 무언가 젊은이 자신도 헤매기 때문에 정신적인 기둥이 될 자신이 없는 것이 더 출산을 망설이게 만드는 것입니다. 물론 그 자신도 잘 모르니 단순하게 집도 없고 직장에서도 문제가 되는 이유를 가지고 대답을 합니다.

자녀 양육 문제는 앞으로도 꾸준히 사회가 책임을 지는 방향으로 하되 출산하면 무조건 돈을 주는 정책은 정상적인 여성이 스스로 사회로 나와서 노력을 하기보다는 작은 양육비 돈을 받아먹기 위해서 강아지처럼 아기를 생산하게 만드는 이상한 역효과를 만들어 냅니다.

이스라엘의 가자지구는 공식적으로 난민이라서 모든 환경적인 부분과 교육적 질이 낮은 상태임에도 불구하고 애는 끊임없이 낳고 임신하고 또 섹스하고 또 임신하고 낳고~ 비교해 보시지요.

2023.12.20./서 경례/저출산은 글로벌 대한민국의 의미

Low birth rate problem(30/32)

When many workers in Korea go out with a sense of duty to pursue projects to solve problems in the United States, which is close to the world, retirees who have their own character and knowledge from their work go along with them. Because refugees need to be taught the Korean language and the Korean production system, jobs are created for retirees and young people.

When many people from around the world come to Korea, jobs are created for the retired generation. Retired people are a bit weak at working on computers, but there is one thing they are very good at: speaking Korean well. Here in the U.S., the Americans who teach English to adults are all retired, and the young people are in charge of administrative work.

Unlike work that must be done physically and quickly in the field, teaching language is a very important, basic, and difficult job that combines emotion and reason, but even our retirees can teach Korean. Of course, there are many jobs in other fields, so there are many intellectuals who already have experience in each field.

In such times, we must respect each other and also enter character education programs, so first of all, the character and intellectual level of our retirees must be raised to the next level. Many people who come to Korea to teach English actually have criminal backgrounds. If you pay attention to it and look at it positively, you will see a hopeful message. We need to quickly re-educate the current prisoners and release them back into society in good health, so that they can become excellent human resources again.

There is so much work to be done, so why should ministers and members of the National Assembly say that childbirth is the problem and have no idea what globalization means? Globalization has the same skills as childbirth, so it is not a problem to worry about. When Korea becomes a leader along with other powerful countries such as China, Russia, the United States, and Japan, there will be no other way than learning the Korean language, so Korean language education institutions will become more active in the future.

2023.12.20./Seo Kyung-rye/That childbirth and globalization have the same meaning

저출산 문제(30/32)

대한민국의 많은 일꾼이 사명감을 안고 세계로 가까운 미국부터 문제를 해결하러 프로젝트 추진하러 나아갈 때에는 그동안 일하면서 나름의 인격과 소양을 갖춘 퇴직자들도 함께 나갑니다. 한국말과 한국적인 시스템을 교육해야 하기 때문에 퇴직자들과 청년들의 일자리가 파생되는 것 또 세계의 많은 이들이 한국으로 들어올 때에는 다시 또 베이비붐 세대들의 일자리가 파생됩니다.

베이비붐 세대들이 나이가 586세대가 대부분인데요. 이들이 컴퓨터로 일하는 것은 조금 약합니다만 아주 잘하는 것이 있으니 바로 한국말을 잘합니다. 여기 미국도 성인들의 영어를 가르치는 미국인들은 전부가 은퇴한 자들이고, 젊은이들은 행정적인 부분을 담당해요. 현장에서 육체적으로 빠르게 소화해야 되는 일과 다르게 언어를 가르치는 일은 감성과 이성이 결합되어 참으로 중요하면서도 기초적이면서 까다로운 일이지만 우리 퇴직자들도 충분히 한국말을 가르칠 수가 있습니다. 물론 다른 분야의 일들도 많으니 이미 각 분야의 경험을 가진 지식인들이 많아요.

그런 때에는 사람끼리 존중하면서 인성교육도 함께 프로그램에 들어가야 하니 일단은 우리 퇴직자들의 인성과 지적인 수준이 한 단계 올라서야 합니다.

한국에 영어를 가르치러 오는 많은 사람들이 실상은 범죄 경력자들이 많습니다. 그것도 눈여겨 긍정적으로 잘 보면 희망적인 메시지가 보입니다. 지금의 수감자들도 빨리 재교육을 시켜서 사회로 건강하게 다시 내보내야 하는데, 그러면 그들도 다시 훌륭한 재원이 됩니다. 할 일이 이리도 많은데 장관이나 국회의원들이 저리 저출산이 문제라고 하면서 세계화의 의미가 뭔지도 몰라서야 되겠습니까? 세계화는 저출산과 같은 꿰를 가지고 있으니 걱정할 문제가 아니지요.

한국이 주변의 중국 러시아 미국 일본 등의 강대국과 더불어 리더가 되는 날엔 한국말을 안 배우고는 달리 방법이 없으므로 앞으로는 한국어 교육기관이 더욱 활성화 되겠지요. 세계화가 진행될수록

2023.12.20./서 경례/저출산과 세계화는 같은 의미를 가지고

Low birth rate problem(31/32)

Last time Jo Jung-hoon appeared on the air, he explained it diligently.
How great it would be if these young people, who are so good at leading the future, knew it right! I was thinking and listening to what was coming out of his mouth.
Can we really see the idea of using the cheap labor of Southeast Asian women worth 1 million won as a silver bullet? Those who have very fragmentary thinking that only thinks about our country may think it is valid, but Take a look.
Doesn't this mean that we will use them as an economic tool for our benefit? From now on, the author has repeatedly stated that policies or companies that use people as tools will not succeed, but the 1 million won~

Just because they are young babies who can't speak doesn't mean they don't know. It would be nice if we also knew that they are sucking up all the information around them. Rather, the intellectually expensive labor force must raise 0.78 Korean babies with good pedigree and excellence, which is not a large number.

It is not appropriate to give money just for having children, and it is desirable for the government to spend money on raising children, that is, creating an educational environment.

Developed countries give a certain amount of money when a child is born, which leads to lazy women taking the money and giving birth to many children to make a living, while neglecting their own development. It would be good to know that such children learn this and have the absurd adverse effect of having children again at a young age and receiving subsidies to make a living. If humans do not make efforts for intelligent self-development, there will be no progress and the life of an animal will become like that of an animal.
Of course, this could increase the birth rate.

When making policies, is it for the benefit of beings currently alive on Earth? Or, we must first consider whether it is about a being that does not exist or is already dead and under the responsibility of the Grim Reaper.

2023.12.21./Seo Kyung-rye/From the living

저출산 문제(31/32)

지난번 조정훈이 방송에 나와서 열심히 설명을 하던데요. 미래를 이끌어 가기에 너무나 좋은, 젊은 이런 사람들이 바르게 안다면 얼마나 좋을까! 생각하면서 그의 입에서 나오는 내용을 듣고 있었습니다.

동남아 여성들의 100만 원짜리 값싼 노동력을 이용하자는 발상을 묘책이라고 과연 우리가 볼 수가 있을까? 우리나라만을 생각하는 아주 단편적인 사고를 가진 자들은 타당하다고 생각하겠지만 보십시오. 그들을 우리의 이익을 위한 경제적 도구로 이용하겠다는 얘기가 아닙니까? 지금부터는 사람을 도구로 이용하는 정책이나 기업은 성공하지 못한다고 필자가 누차 밝히고 있는데 100만 원짜리~

말 못 하는 어린 아기들이라고 해서 모르는 것이 아니고. 그들 주변의 모든 정보를 빨아들이고 있다는 것도 우리가 안다면 좋겠습니다. 오히려 지적으로 비싼 노동력이 숫자가 많지도 않은 0.78명의 한국의 혈통 좋고 뛰어난 아기들을 키워내야 합니다. 우리나라 교육부가 교육에 들어가는 세금은 너무 많이 걷어서 국민의 삶은 어려워져도 교육세는 걷고 있으니 아기 때부터 대학생까지 교육을 국가가 담당해야 할 때가 되었습니다. 대학생까지는 국가의 지원이 있는 것이 공부를 하고 싶어도 하지 못하는 우수한 두뇌들을 버리지 않고 국가가 잘 육성하는 것이겠지요.

자녀를 낳는다고 그냥 돈을 주는 것은 타당하지 못하고, 국가가 맡아서 키울 때에 즉 교육적 환경을 조성하는 데에 소비되는 것이 바람직합니다. 선진국들이 자녀를 낳으면 일정액의 돈을 주다 보니 게으른 여성들이 그것을 받아먹으며 생계를 유지하려고 자녀를 많이 낳고, 자기 개발은 등한시하고, 그런 아이들이 그것을 배워서 다시 어린 나이에 또 출산을 해서 보조금을 받아서 생계를 유지하는 어처구니없는 역효과가 나온다는 것도 알아 두는 것이 좋겠습니다. 인간이 스스로 지적인 자기개발 노력을 하지 않으면 발전이 없어서 짐승의 삶과 같은 것이 됩니다. 물론 그리하면 출산율은 높아질 수 있어요.

정책을 입안할 때에는 그것이 현재 지구상에 살아있는 존재들을 위한 것이냐! 아님 존재하지 않거나 이미 죽어 저승사자 책임하에 있는 존재에 관한 것이냐를 먼저 따져야 합니다.

2023.12.21./서 경례/살아있는 자들부터

Low birth rate problem(32/32)

Americans also say here that Koreans are superior overall. It would be great if the poor Gaji district had low birth rates and Korea had high birth rates, but the opposite phenomenon is happening.
It can be comfortably interpreted that it is time for intellectuals in Korea to abandon their obsession with blood ties for their children.

Now I need to get rid of the human obsession with my baby before anyone else. And it is time to turn our eyes to all the babies around the world. And it is urgent to keep living people alive and grow, rather than killing them by suicide or war or various disasters.
The issue of children's education after giving birth to unmarried mothers, babies are still being adopted overseas, and the issue of suicide prevention are more urgent.
There is an urgent need to protect ourselves by helping ex-convicts return to society in a healthy manner and making Korea a drug-free zone again.

We must restore a polarized society to economically harmonious roles, and create roles for young people and retirees.
What is truly difficult is that if South Korea wants to solve all of these problems, it must resolve the global conflict together with the United States so that our problems can be solved together.

Korea, which is so small, is completely connected to the whole world like blood vessels. Since we are located at the center of the global village, we were making a fuss with only half-knowledge, not knowing that if we expand our thinking paradigm to include the population problem of the entire global village, the low birth rate problem is not a problem itself.

Truly so. I sincerely hope that all politicians will use this as an opportunity to reflect on how ignorance that cannot produce results is bruising the lives of the people.

2023.12.21./Seo Kyung-rye/What is urgent is the dying people~

저출산 문제(32/32)

대한민국 사람들이 전반적으로 우수하다는 사실은 여기서도 미국인들도 얘기합니다.
열악한 가자지구는 저출산으로 대한민국은 고출산으로 간다면 너무나 좋겠지만 그 반대의 현상이 벌어지는 것은, 이제는 대한민국의 지식인들이 내 자식의 혈연적 집착 고리를 끊을 때가 되었다고 해석하면 편안하게 받아들일 수가 있습니다.

지금은 내 새끼에 집착하는 인간의 모습을 누구보다 먼저 벗어나, 지구촌 모든 아기들에게 눈을 돌려야 할 때입니다. 그리고 살아있는 사람들을 자살하지 않도록 또는 전쟁으로 각종 재앙으로 죽이지 않고 살리고 성장시키는 일이 급한 것이고, 미혼모 출산 후의 자녀교육문제, 지금도 아기를 해외로 입양시키고 있고, 자살방지문제, 전과자들의 건강한 사회복귀와, 마약으로부터 안전하게 대한민국을 다시 마약 청정지역으로 만들어서 스스로를 지키는 일들이 급합니다.

양극화된 사회를 다시 경제적으로 조화롭게 골고루 역할이 돌아가도록 해야 하고, 젊은이와 퇴직자들의 역할을 만들어 주어야만 합니다.
참으로 어려운 것은 대한민국이 그런 모든 문제를 풀고자 하면 미국과 함께 세계적인 갈등을 풀어야 우리들의 문제가 더불어 같이 풀린다는 사실입니다.

이토록 조그만 대한민국은 전 세계와 완전히 혈관처럼 연결되어 있기 때문이고, 그 중심 자리에 위치하고 있으니, 생각의 패러다임을 지구촌 전체의 인구문제로 확장시켜 바라본다면 저출산 문제는 문제 자체가 아닌 줄도 모르고 그 동안 반쪽짜리 지식으로 호들갑을 떨고 있었습니다.

진실로 그러할지니. 결과가 나올 수 없는 무지함이 국민의 삶을 얼마나 멍들게 하고 있는지 모든 정치인은 다시 돌아보는 계기로 삼기를 간절히 바랍니다.

2023.12.21./서 경례/급한 것은 죽어가는 사람들인데~

The last descendant of social organizations

The daughters-in-law of the last descendant did not marry their husbands, but married into his family. He entered the family of his eldest grandson. Marriage is different from that since it is between a man and a woman.
The meaning is different, like when we are hired by a company.

If you went to your ancestor's family, you go to a social organization and study the management of its ancestor's family. You shouldn't just agree with your husband, but study and adapt to the history and customs of the entire family.

Daughters-in-law of a grandson's family feel more comfortable following the opinions of the elders in the family rather than following their husbands. The issue of differing opinions is to be understood wisely and accepted by society as the last descendant.

2021.05.21./Seo Kyung-rye/ A large family of descendants is a social organization

종손가는 사회조직

[그 시대에 따라서 그리 살아도
행복하게 잘 사는 모델들도 많습니다.
특히 종손가의 며느리들]
라는 말씀을 주셨습니다.

종손가의 며느리들은 남편과 결혼을
한 것이 아니고 시집을 간 것입니다.
그 종손가에 들어갔던 것입니다.
결혼은 남녀가 둘이서 하는 것이고
시집가는 것은 시가 댁에 들어가는 것이고
장가가는 것은 장인 댁에 들어가는 것이고
우리가 기업에 채용되어 들어가는 것처럼
의미가 다릅니다.

종손가에 갔으면 사회조직에 가서
종손가의 경영을 공부하고 있는 것
남편하고만 의견이 맞아서는 안되고
그 집 전체의 역사와 풍습을 공부하며
적응하는 것이랍니다.
종손가의 며느리들은 남편을 따른다기보다
집안의 어른들 의견을 따르면 편안하게 되고
의견이 다른 사안들은 지혜롭게 이해시켜서
종손가라는 사회에서 인정받는 것입니다.

2021.05.21./서경례/ 종손가는 사회조직

A virtual image

We stick to the earth togather strongly.
If you jump in the air, you go straight
down because of gravity
You are going to hug it again.
which is a rock called Earth.
It's plummeting.

Scientifically speaking, From top
to bottom. we are not falling.
we just feel like that.

This, is too Our misunderstanding.
Go back to your imagination time.
A big magnet. A small magnet.

The earth is a big magnet.
Our bodies are made of small magnets.
You're being dragged On Earth,

big Substances attract small matter.
Just as planets around the sun are caught
by the sun. Getting out of the temptation
of these substances... is homework.

It's not easy. If you take a step at a time,
It could get better. As time goes by
You are not feel a heavy body.
you are thankful for that.
Then the next moment You feel free

2021.05.23./Seo Kyung-rye/ Materials attract substances.

느낌의 허상

우리가 지구에 떡하니
찰싹 붙어 있어서 공중으로 뛰면
바로 중력으로 떨어져요.
비행기에서 으아 낙하산 장착하고
아래로 내려가면 지구라는 돌하고
다시 껴안으려고 곤두박질치면서
뚝 떨어진답니다.

과학적으로 말하면 우리가
위에서 아래로 떨어지는 것도 아닌데
일단 느낌이 그래요.

요것도 우리들 착각입니다.
상상 시간으로 돌아가
큰 자석 작은 자석으로

지구별은 큰 자석이고
우리 몸은 작은 자석으로
물질 육체가 큰 지구별에
끌려가는 것이랍니다.

물질에 물질이 끌려가는 것이지요.
태양 주변 행성들이 태양에 잡히듯이.
이런 물질의 유혹을 벗어나는 것이
숙제입니다.

쉽지는 않습니다만
조금씩 한 발짝씩 가다 보면
어느새 무거운 육체를 느끼지
않고, 그것도 감사하고 좋아질 수도
그러면 다음 순간 자유로운 영혼이 훨훨

2021.05.23./서경례/ 물질은 물질을 끌어당기고

홍○○	과학 선생님 파일럿 F 35 A 기장님들은 그 느낌을 조금 안다 하더이다.
서경례 홍○○	**그럴겁니다.** **감각이 아주 발달된 분들이 초연한 느낌을 가지면 더 잘 느껴질 것이구요.♡**
손○○	인류는 하나이고 대인적 마인드가 요구됩니다! 세계에 평화를~♡

To be better than

It's different on the outside and on the inside.
It's different when you go to the bathroom
and out from the bathroom.
when he comes many changes up to his
situation.
We are Blaming others just like
He's an opportunist.

But
'Danger past, God gorgotten.'
That's true.
He situation changed better than before.
So his action is right.
We don't have any right to blame his reaction.

Blameing is oneself
Reveal your ignorance.
You don't have the ability to lead others
who you blame.
You don't know the other person at all.
I'm talking about it.

It's a skill to hide what's inside and outside.
If you don't have patience, you can be seen
it on your face.
That's possible only when you have a
persistence.

People are not opportunists.
The situation is different from time to time.
The actions are different accordingly.

If the person you're dealing with is different,
Each time, the attitude is different.
It feels different every time.

The other person's mass value varies
from person to person.
It's opportunism to act differently.
Blaming someone is the height of ignorance.

2021.05.24./Seo Kyung-rye/If you want to be successful

느낌의 허상

우리가 지구에 떡하니
찰싹 붙어 있어서 공중으로 뛰면
바로 중력으로 떨어져요.
비행기에서 으아 낙하산 장착하고
아래로 내려가면 지구라는 돌하고
다시 껴안으려고 곤두박질치면서
뚝 떨어진답니다.

과학적으로 말하면 우리가
위에서 아래로 떨어지는 것도 아닌데
일단 느낌이 그래요.

요것도 우리들 착각입니다.
상상 시간으로 돌아가
큰 자석 작은 자석으로

지구별은 큰 자석이고
우리 몸은 작은 자석으로
물질 육체가 큰 지구별에
끌려가는 것이랍니다.

물질에 물질이 끌려가는 것이지요.
태양 주변 행성들이 태양에 잡히듯이.
이런 물질의 유혹을 벗어나는 것이
숙제입니다.

쉽지는 않습니다만
조금씩 한 발짝씩 가다 보면
어느새 무거운 육체를 느끼지
않고, 그것도 감사하고 좋아질 수도
그러면 다음 순간 자유로운 영혼이 훨훨

2021.05.23./서경례/ 물질은 물질을 끌어당기고

홍○○	과학 선생님 파일럿 F 35 A 기장님들은 그 느낌을 조금 안다 하더이다.
서경례 홍○○	그럴겁니다. 감각이 아주 발달된 분들이 초연한 느낌을 가지면 더 잘 느껴질 것이구요.♡
손○○	인류는 하나이고 대인적 마인드가 요구됩니다! 세계에 평화를~♡

To be better than

It's different on the outside and on the inside.
It's different when you go to the bathroom
and out from the bathroom.
when he comes many changes up to his
situation.
We are Blaming others just like
He's an opportunist.

But
'Danger past, God gorgotten.'
That's true.
He situation changed better than before.
So his action is right.
We don't have any right to blame his reaction.

Blameing is oneself
Reveal your ignorance.
You don't have the ability to lead others
who you blame.
You don't know the other person at all.
I'm talking about it.

It's a skill to hide what's inside and outside.
If you don't have patience, you can be seen
it on your face.
That's possible only when you have a
persistence.

People are not opportunists.
The situation is different from time to time.
The actions are different accordingly.

If the person you're dealing with is different,
Each time, the attitude is different.
It feels different every time.

The other person's mass value varies
from person to person.
It's opportunism to act differently.
Blaming someone is the height of ignorance.

2021.05.24./Seo Kyung-rye/If you want to be successful

친구분들이 잘 되려면

겉 다르고 속 다르다.
화장실 갈 때 다르고
올 때 다른 놈이라고
또 기회주의자라고
남을 탓하는 것은

스스로
무지를 드러내고
상대를 이끌 능력이 없음이고
상대를 전혀 알지 못하는 것을
말하고 있는 것입니다.

겉과 속을 다르게 감추는 것도 실력이고
근기가 없으면 금방 얼굴에 드러나는데
근기가 있어야 그것도 가능합니다.

사람은 본시 기회주의자가 아니고
그때그때 상황이 다르기에
그에 따라 행동이 다른 것이고

상대하는 사람이 다르면
그때마다 태도가 다르고
그때마다 기분도 다른 것

상대방의 특성이 사람마다 달라
다르게 행동하는 것을 기회주의라
탓한다는 것은 무식함의 극치이고

그렇게 말하면 말할수록
남 탓을 하면 할수록
끝이 어찌 되었는지를 잘
관찰하시고 타산지석으로

2021.05.24./서경례/ 친구분들이 잘 되려면

More and More

People are

Lovers disappear
So do relationships.

Get away from people
Get closer with dogs.

Eating alone
Drinking alone

Materialism in a world
Machine prices go up
Living costs go up.

Apartmant is expensive
Buildings are higher.

What is it?
People are moving apart
Accumulate more wealth.

Why don't you change
With the new paradigm?
Change is guaranteed.

2021.06.01./Seo Kyung-rye/high and far in the field of view♡

점점

사람들은

점점 연인들이 없어지고
점점 부부들이 없어지고,

점점 사람들과 멀어지고
점점 강아지와 친해지고,

점점 혼밥챙겨 해결하고
점점 혼술하며 작아지고,

물질세상이라
점점 기계값은 높아지고
점점 생활비는 비싸지고,

점점 아파트값 높아지고
점점 고층건물 높아지니,

이것이 점점 무엇인고?
사람끼리 점점 멀어지고
물질을 점점 쌓아갔었네.

이성계가 위화도에서
작정하고 군사를 돌리듯
생각의 패러다임을 이젠
확 돌려보면 어떨까요?

2021.06.01./서경례/시야를 높이 멀리♡

○ Lee	I think he's talking about me.
Seo Kyung-rye Lee○○	This is what we all are like.♡
Lee ○○	The saying that dogs are superior to people is a modern saying.
Seo Kyung-rye ○○	That's right.
Lim ○○	It seems like everyone is becoming a dog because they are jealous of dogs.~
Seo Kyung-rye Lim ○○	Sharpen the problems of reality
Hwang○○	That's right. Has the world changed into a harsh one due to COVID-19? Do you think even the climate is changing?
Seo Kyung-rye Hwang○○	If we change, the world will not be harsh. People are very honest.
Hwang○○ Seo Kyung-rye	Those are good words. If we plant, we reap what we sow, and if we sow, we harvest what we sow, right? If you live with forgiveness, gratitude, and love, virtue will come to you, right? No matter where you go or where you stay, it's all your own fault, right?
Shin ○○	One day, she saw a dog and said that she was a mother, and fed it while licking from her mouth to the dog's mouth. ah! These days, even women give birth to dogs.

이〇〇	저를 두고 하는 말 같아요.ㅠㅠ
서경례 이〇〇	**우리 모두의 모습입니다.♡**

이〇〇	개 팔자 상팔자란 말은 요즘 시대의 말입니다.
서경례 이〇〇	**맞습니다. ㅠㅠ**

임〇〇	개가 부러워서 다들 개가 되어 가나 봅니다.~
서경례 임〇〇	**현실의 정곡을 ㅎㅎ**

황〇〇	그렇습니다. 코로나 19로 세상이 확, 각박한 세상으로 바뀌었어요? 기후마저도 변하고 있는 것 같아요?
서경례 황〇〇	**우리가 변하면 세상이 각박하지 않습니다.** **사람들은 매우 정직합니다.**

황〇〇 서경례	좋은 말씀입니다. 심으면 심은 대로 거두고 뿌리면 뿌린 대로 수확하는 법이죠? 용서하며 감사하며 사랑하면서 살다 보면 덕이 들어오겠지요? 어느곳에 가든지 그곳에 머물더라도, 다 자신이 할 탓이겠지요?

신〇〇	어떤 날 개새끼 보고 엄마야 하면서 입에서 개새끼 입으로 오물거리며 먹여준다. 아! 요즈음 여자도 개새끼를 낳는구나

What should we do for America?(1/2)

To the children of Dosan Ahn Chang Ho...
Have you contributed anything
to the United States?

I asked the guide this question.
His children went to a good university.
They lived well in a strong workplace.
He answered.

Our level of thought...
Raise it to the next level and be honest.
It's necessary.

Everyone has their own jobs.
We tried hard to make a living.

They received a lot of things from the U.S.
How much they talk about their contribution
But nothing can find it.

His work led to the development of
Korean town. However,
His goal was not for the U.S.A.
That is clear.

Without America's interest in mind,
There was no contribution. It's not recorded.

People who living in the U.S.
Even if you're Korean.
Live for America.

Americans living
in Korea...
They have to live
for Korea,
That's the principle.

December 1, 2021./
Seo Kyung-rye/The public's interest

What should we do for America?(2/2)

We received energy from the U.S.
It's the sweetest debt We'll ever have to pay.
We have to admit that

Since World War II until now,
under the name of the original UN,
Korea has received various supplies,
technology, culture,
and computer technology.
Lastly, even though we are
seperated by the Pacific Ocean
With Facebook.
We can still communicate in real time
Through the internet.

All mankind's technologies are
hard for them to invent But
Korea have taken this technology and
Further advanced it.

If you want to contribute
to the society of the US.
you have to learn a lot about the U.S.
If you contribute to the U.S.A
See it with your eyes, hear it
with your ears, and know it
with your mind.
Traveling is going to study
travel destinations.

The United States is big,
the richest in the world, In terms
of economic scale and technology,
She is the leader of the global
community.
However, It is a country with deep
concerns as it has a large role.

2021.12.01./Seo Kyung-rye/Travel is to study travel destinations.

I am traveling right now.
What's travel?
traveling is studying travel destinations.

What can I do for the U.S.A.

미국을 위해서 무엇을 할까?

도산 안창호 선생님의 자녀들이 미국에 기여한 것이 있을까요?
필자의 질문에 다들 좋은 대학 나와서 튼튼한 직장에서 잘들 살았다고 대답을 합니다만 우리는 이제 생각의 수준을 한 차원 높이고 솔직해질 필요가 있습니다. 다들 각 개인이 직업을 가지고 먹고 살려고 애를 썼던 것입니다.

미국으로부터 여러 가지를 받은 것이지 미국을 위해서 무엇을 하려고 노력한 흔적은 아무리 들어봐도 없습니다. 한인타운을 위해서 결집을 유도했던 것들도 미국의 발전을 고민해서 그리한 것은 아니라는 것이지요.

생각부터 미국을 위한 목적을 가지지 않는데 그것이 기여로 기록되지는 않습니다.
미국에 사는 사람은 설령 한국인이라도 미국을 위해서, 한국에 사는 미국인은 한국을 위해서 살아야 하는 원리가 있습니다.

2021.12.01./서경례/지역에 대한 국민의 관심

미국 에너지를 받았으면서 지금 우리는 그 값을 얼마나 치루고 살고 있는지를 돌아보면 결코 미국을 위해 기여한 바가 없다는 사실을 우리는 인정해야 합니다.

2차대전 이후부터 지금까지 UN의 원조라는 이름으로 각종의 물자와 기술과 문화와 지금의 컴퓨터기술과 마지막으로 Facebook까지 님들과 필자를 태평양을 사이에 두고도 실시간 소통할수 있도록 모든 인류의 기술은 그들이 고생하고 정작 그것을 받아 알맹이를 쓰는 것은 얌체족 한국인

차제에 이자까지 값으려면 산적한 미국의 고민을 눈으로 보고 귀로 듣고 알아야만 가능한 것이겠지요. 여행이란 여행지를 공부하러 가는 것이지 생각 없이 노동자의 비싼 땀방울로 벌어들인 달러($)를 쓰러 다니는 것이 아닙니다. 미국이 덩치는 크고, 지구촌의 최고 부자이고, 경제규모나 기술면에서도 지구촌의 리더가 맞지만 역할이 큰 그만큼 고민도 깊은 나라입니다.

2021.12.01./서경례/여행은 여행지를 공부하는 것

Why was Bruno burned at the stake?(1/10)

1. Religion and Science

It is truly unfortunate that people kill people. In many deaths and lives, in some cases, they were killed as a group, and in some cases, they are praised by many until now. As a result, no one can deny that the world, including the Ukraine-Russian War, is now in a state of conflict. Here we cannot deny the fact that there were so many thinkers, there were believers, and that, even in the age of science, something was missing.

Bruno was executed.

On February 8, 1600, Pope Clement VIII sentenced Bruno to burn at the stake, so nine days later Bruno was tied to a stake in the mayor of Rome, Campo de Fiori, and burned with a gag in his mouth. It is an immovable historical fact that man has ordered that man be burned to death by the Pope, and that is also horrendous.

Have you thought about the cause?

Or, like Victor Hugo and many other famous thinkers in 1899, erecting a statue of Bruno under the statue read: "Bruno, that time has been sanctified by you being burned here." would you say

If it is made holy by being burned, the conclusion is that all people must die that way, which is a strange logic. Bruno apparently died unfortunately at the stake. And when you look at his statue, darkness seeps out.

If Bruno is a great progressive thinker and a holy martyr, do you agree that the Pope who killed him must become a wicked man in the world, and all believers in this age, including the Church, must continue to be really bad people?

We must know the truth.

Are religion and science really incompatible? If religion seeks the truth, and science also seeks the truth, then they are going toward one, so why is it impossible to have a dialogue with each other?

Inevitably, the task of solving this sharp conflict between religion and science beyond that of the Pope and Bruno is to solve this problem.

2021.08.21./Seo Kyung-rye/Humanity's barriers start with the severance of dialogue.

Why was Bruno burned at the stake?(2/10)

2. Clash of Christian Faith and Science in the Modern Age

Bruno had been ordained a priest in 1572, and had undergone a theological course at a monastery in Naples.
Nevertheless, it became known that his theology deviated from the orthodox theology, and those who hated him reported to the church that he had read Erasmus's forbidden book. Here you can see that there were many people around him who were hostile to him. Between 1580 and 1585 Bruno studied theology, astronomy, and He became a prominent writer in the field of philosophy, and he even served as a professor at a university, so it is also possible to guess that he was probably an excellent intellectual.
To talk about it, first we need to know about the tyrannical situation of the times. Because he lived at the time when the Christian faith was at its peak, and it was the time when the celestial theory ruled. And you will need to know what knowledge is and what faith is. Because he was a believer and an intellectual of his time.

3. What is faith?

People refer to themselves as believers. That's right. I say that because I am a believer. What is Faith? Faith is the worship of God. One more thing you need to know is that man is in itself part of God. The body is material, but the person inside is not material. So he does not know exactly himself, but he knows for himself that he is "the only being in the whole universe." Not God though. Just like the cells in physics, humans are the operating cells of the universe, not matter, but constituent elements, and become indispensable and immortal beings. These immaterial cells have survived until now to evolve. If the soul fails to evolve and lacks understanding, it means that you have come to understand the truth, the law of heaven, and have never been able to know your own contradictions and roles. However, they also never give up their place because they themselves are a cell of the immortal God. The era in which Bruno lived was from 1548 to 1600 before World War II. It was an era in which the lower body moved when the human body was viewed as a metaphor for expressing the times. After World War II, it can be seen as a torso.

2021.08.23./서경례/ 하체의 활동처럼 원시적 초보적인 시대.

Why was Bruno burned at the stake?(3/10)

4. The Age of Birth of Knowledge

Bruno is a believer but an intellectual.
What is knowledge? Knowledge is the recorded information of what a human being knows in the process of evolution. Only humans produce knowledge. It is very representative of the differences between humans and animals. Look carefully. Knowledge has no form. A book is material, but its contents are immaterial. The various information in it has mass, not matter, but the quality is not the same, and it varies from time to time and from person to person.

If the human spirit body does not develop itself through knowledge, it can be known that it is going crazy by itself. This knowledge becomes food for the spirit person, but as DNA evolves, he has become a high-quality glutton, so he must eat higher-quality knowledge to survive. Bruno also lived on knowledge, and was in the stage of accumulating a qualitative part of himself through the knowledge that was available at the time. But he did not know the truth, which is the total fundamental of the universe and all life.

During his tenure as professor at his university, Bruno intensively studied Copernican's theory of the solar system, saying that he could follow the moral teachings of [the Bible] but disagree on the astronomical content.

Also in 1592, a feud broke out between Bruno and the Venetian nobleman who invited him, and Mocenigo suddenly turned his back on Bruno and charged him with the Inquisition. Here too, we need to remember that he is experiencing discord with the people around him. The grounds on which the church charged him were for his writings that the earth was not the center of the universe, that the universe was infinite, and that the stars were not fixed in a crystal sphere. The church warns him to withdraw his claims.

In response, Bruno declared that he would not withdraw any theories, and he died as a victim in the history of scientific development. Even though he may be brilliant, we can also confirm from his records that he is a man with all the qualities of a modern intellectual who does not compromise in the slightest while claiming that all he knows is correct.

2021.08.23./Seo Kyung-rye/The era of primitive and rudimentary like activity of the lower body.

Why was Bruno burned at the stake?(4/10)

5. The Age of Growth of Knowledge

Modern scientific knowledge, which was weak, grew as it passed through Newton. And the era of the core of human history, the era after World War II, has passed. If you look at the present in 2021, when you have to act with wisdom, and the past where Bruno lived, you can see a huge intellectual difference.

At the time of Bruno, the power of scientific knowledge was not as great as it is now. Humanity has achieved rapid development after World War II, and the population has experienced explosive growth.
Not only has the number of people dying from wars greatly decreased, but developed countries are starting to reflect on how precious people's lives are again.

Einstein published 'Special Theory of Relativity' and 'General Theory of Relativity' in 1905 and 1916, respectively, and these theories are evaluated to have completely changed the foundations of classical physics and laid a new foundation for modern physics. Such an evaluation is proof that the last modern scientific era was an era of feeble knowledge. Bruno was born in 1548 and was ordained a priest in 1572 in the era when science was discussed long before the era of 1900. In 1578 he went to Geneva where he earned his living as a correctional worker, formally adopting Calvinism. You learn that the Reformed Church is just as intolerant of Bruno as the Catholics.

Again in Paris, the court of Henry III was ruled by a tolerant group called the Politics. Bruno's attitude to religion was compatible with this group, so he was protected by Henry III.

In 1583, thanks to an introductory chapter by Henry III, he was able to lecture at Oxford, in which he explained the Copernican theory, which holds that the earth moves. But they also experience the hostility of the Oxford natives.

In February 1584 he had a debate with several PhDs from Oxford University over his theory of the motion of the earth, but the discussion ended in a brawl, where he strongly criticizes British social etiquette and the erudite attitude of university doctors.

Several documentaries give us a glimpse of just how powerful Bruno's continued clashes were. These facts contain an important truth that will be discussed later.

2021.08.25./Seo Kyung-rye/Self-portrait of an intellectual who collides with people.

Why was Bruno burned at the stake?(5/10)

6. Intellectuals who are difficult to assimilate with people

Bruno systematically criticized Aristotle's physics, and he also said that "religion is a means of teaching and governing ignorant people; philosophy is the science of the elect, capable of conducting themselves and governing others." claimed. Bruno specifically opposes Calvinism, which states that salvation can only be achieved by faith. Bruno was so engrossed in his own knowledge that he was indeed difficult to assimilate with others. The stubbornness of being difficult to assimilate with others experiences conflict with the powers of the time. Returning to Paris in October 1585, Bruno realized that the political climate had changed, and Henry III had been excommunicated by the Pope (against Bruno).
Nevertheless, Bruno didn't care at all, he started arguing with Catholics, ridiculing them, and politicians denying ties to him.

Even in Germany, he talked about peaceful coexistence of all religions based on mutual understanding and freedom of discussion, but in January 1589 he was eventually expelled from Helmstadt by the local Lutheran Church. In fateful August 1591, he traveled to Italy as a guest of Mocenigo, but was disappointed with his lecture and outraged by Bruno's idea of publishing his work contrary to Mocenigo's intentions, Mocenigo sent him to the Inquisition of Venice. By accusing him, his freedom eventually ended tragically. One thing is for sure, we see records of people leaving him over and over again.

In the old days, open prophets and many believers had spiritual experiences and feelings and were able to maintain their power by mistaking it as if they had received a special, divine revelation. Also, in the past, magicians, popes, and believers could form various factions to increase power and move people. History has advanced one step at a time in an evolving society, but the essentials are still lacking. But because the time has come, the future I'm telling you, the flow is going wild.

Now, intellectuals have all the power, and believers cannot survive unless they borrow the power of knowledge in front of the decisions of intellectuals, that is, judges and prosecutors. As intellectuals, we can see how much society has changed over the years.

Faith is not the knowledge of intellectuals. In the era of the lower body in human history, intellectual power was weak, and spiritual experiences were more convincing to the general public.

When someone has to lead society, they have done their part within the scope of their abilities. So, it would be foolish to blame it on the future.

The history of the Catholic Church, which occurred in the process of playing such a historical role, was bound to have many errors, so no one can blame for this when it was lacking.

Since Pope Clement VIII, the head of the Catholic Church and sentenced Bruno to the stake, there are materials that can trace the footsteps of their constant introspection and anguish.

2021.08.27./Seo Kyung-rye/How to interpret historical errors of the past.

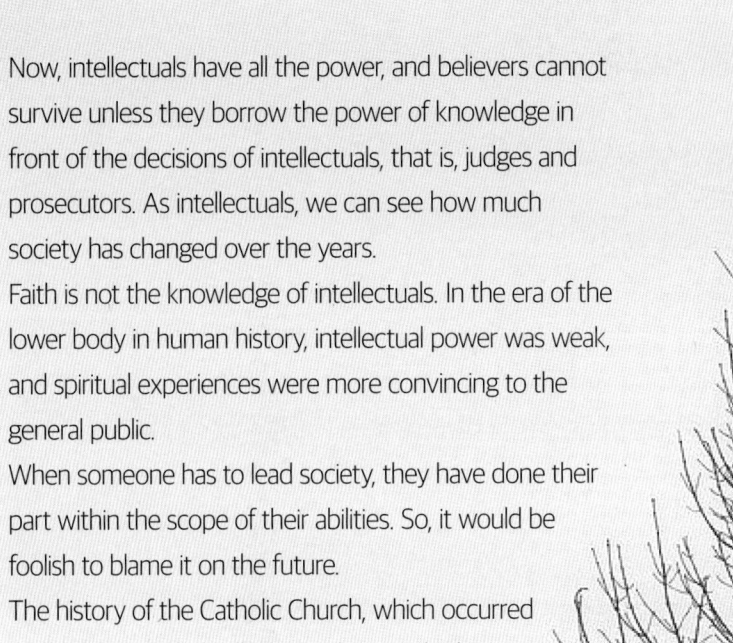

Why was Bruno burned at the stake?(6/10)

7. The Church's Old Homework

Faith organizations have clearly had a role to play in the past. It was their job to take responsibility for society in a time when society grew and intellectuals could not lead society as it is now.

However, they were not equipped with the truth, but were going towards the truth. It wasn't perfect, but the church put a lot of effort into it.

In 1936, Pope Pius XI was awarded the Pontifical (Academy of Sciences. to invite outstanding scientists to listen to their voices. He tried to embrace while contemplating the achievements of modern science, and twice, in 1950 and 1951, the theory of evolution and the big bang cosmology were rejected by the Catholic faith.

says that it is not inconsistent with

In the face of increasingly powerful science, the faith organization recognized its inferiority and had to find a breakthrough. There is only one prerequisite, however, which stresses the human soul [that, although the human body has its origin in an earlier creature, the soul is directly created by God].

If this is made clear, the church says there is no conflict between evolution and the doctrine of faith. In other words, they don't deny the theory of evolution, but it does mean that the soul feels this way.

You can read a very important message here. The pope and the Catholic community at the time were actually not wrong. They are spiritually developed people. The body makes sense as the scientists say, but the scientists knew nothing about the problems of their own souls that they felt.

So far no physicist has dealt with such a problem of the soul, and it is matter that they explore every day. Many people have spiritual experiences and dreams, and even though they do not know what these are, believers are experiencing them, but scientists do not know them either. It is still the same today.

Truthfully speaking, the existence of an immaterial man moves all the energies of the universe. The sun is a material energy that acts as a firewood to protect the earth.

If we separate matter, the sun is the center in our solar system, but if we talk about matter and non-material beings together, this non-material person is at the center of all three-dimensional universes. Believers do not know exactly about this, but the feeling is that the sun exists for the sake of the earth and we have the feeling that we are the masters. The saying that man is the lord of all things has that meaning, and it is truly true. So, all believers, including the Pope, wanted to know something systematic about the immaterial knowledge of the soul, but did not know, and had not heard any explanation from any scientists. They certainly could not make concessions to the existence of God and to the soul of man.

This is the same thing as intellectuals who can never give up their knowledge.

Can you give up your knowledge or your faith?

People don't give up on anything unless they understand it. Because it is an independent existence that can never be annihilated.

2021.08.28./Seo Kyung-rye/
Fragmental knowledge and general knowledge.

Why was Bruno burned at the stake?(7/10)

8. Intellectuals with a fierce personality

In the 1500s, when modern science was barely born, it was an evolving era where the quality of man was lower than it is now, so the Pope could become a judge of the Inquisition and order people to be burned at the stake. However, in reality, it is not an Inquisition, but a battle between Bruno and the Church of stubbornness, whether to worship God or to believe in and follow people's intellectual knowledge. In a developed society like now, people's lives are not treated carelessly, but in a savage society, people's lives are taken lightly.

In the face of the power to burn an individual in such a circumstance of the times, Bruno was a person who did not hesitate at all to express his violent personality. Although his personality was constantly criticized, he ignored his opponents and rushed.

If we analyze in more detail, we can see that it was a past history that not only Bruno, but many intellectuals with violent personalities, regardless of East and West, were expelled in any form.

They all went down the path of victims for the advancement of history by expressing their strong arguments that could not be assimilated with their opponents of that time. Bruno also remains one of the victims in the history of scientific development, and the Pope who condemned him has also remained as a disgrace to the victims. It's wise indeed now in 2021, when it's an advanced age for us to study what they didn't know and what they knew. Pope John Paul II officially admits that the 1979 Galileo trial was in error and proclaims his restoration after 360 years. Also, the Pope is a message that expresses his research on science and religion.

"Science can purify religion by expelling false ideas and superstitions, and religion can purify science by removing from it the danger of blind indulgence and false absolutization. By taking advantage of each other, science and religion can go to a wider world, a world where science and religion can prosper together."

to tell the truth

The conflicts seen in the events of Bruno and Galileo are only a battle between faith and modern science at the stage of the birth of science, not between religion and science as the Pope or intellectuals evaluate it.

The ultimate goal of religion and science is truth, and truth cannot be two just as God cannot be two. Also, if we arrive at the same truth, there is no need for separate logic to be formed.

At the time, it is said that the celestial theory was a common theory and was taken for granted, so how big is the difference in knowledge compared to now, when everyone knows the heliocentric theory and furthermore, has already found black holes as proof?

Also, if we compare the present and that time, the age of physics called quantum mechanics, which reveals even the more fundamental and minute details of matter, we will be able to feel a great sense of disenchantment. In a word, the truth was not born at that time, nor did it evolve to the extent that humans could digest it. Therefore, the immature science of the modern era that could not explain anything about the soul as a being that you are feeling clearly, and believers who could not persuade scientists in detail about the world of the soul that they clearly perceive, For us living in the modern age, we can think of them as historical victims of growing pains.

2021.08.29./Seo Kyung-rye/Victims of historical development.

Why was Bruno burned at the stake?(8/10)

9. Bruno's Ignorance

The Italian astronomer and mathematician Bruno had a scientific imagination that was ahead of his time with his exceptional memory and brilliant brain. But because of his fierce arguments, he was, constantly criticized, expelled, ostracized, and finally sent to prison. No matter how good his brain was, he knew a great deal of scientific knowledge, but it couldn't be more important than the man right there in front of him.
To be honest, Bruno didn't know the importance of people, although the existence of the people ahead of him was more important than his own theories. Only the material knowledge he knew was important to him. If Bruno had no knowledge of people, I would like to tell you that it will be an era in which we will know just how narrow his knowledge is. No matter how high a person's material knowledge, when he or she cannot share an opinion with the person in front of him, it is never beneficial to himself or to others, but rather becomes a cause for concern. If you look back, his scientific knowledge is just a child's level compared to the current scientific knowledge. Even if he did not claim that since then, a sufficiently large number of scientists have developed science, including Galileo Galilei, Einstein who still dominates the physical world, and Niels Bohr, who contributed to the understanding of the atomic structure and the establishment of quantum mechanics. We can reasonably guess that it must have been. Thanks to the efforts of many scientists, we have access to many scientific achievements on the working principle of the universe, from the stars in the galaxy to the structure of atoms. In spite of such great achievements, outstanding modern physicists still say, "There are still too many things that are obscure even at a fundamental level." is saying Now, the physics world is dominated by quantum mechanics, but scientists have not yet arrived at the truth, so it is not at a satisfactory stage. Contrary to Bruno's vehement arguments, they are cautiously seeking the approval of their hypotheses from other scientists.

2021.08.30./Seo Kyung-rye/
Among the choices of people and knowledge.

Why was Bruno burned at the stake?(9/10)

10. When Religion and Science Meet in Truth

Religion is the teaching of truth. Literally, the highest, since it is the truth, the truth is always applied unchangingly, transcending time and space. Therefore, beliefs and religions are fundamentally different. Intellectuals were also confusing this point. Many faith organizations, hitherto known as religions, follow and worship each person. Their ultimate goal, of course, is to know the truth, but the conditions of the times did not allow them to understand the truth. Instead, it produced a myriad of knowledge. The correct interpretation of it has been possible since the present era when intellectual evolution is over and the truth can be correctly deciphered. It is also evidence that a society with maximum conflict is on the verge of change. It is the intellectuals of the world who are most ripe for intellectual evolution. They are ready to go out into the world with the power of wisdom and truth. Faith must also go up a notch now. We have entered a period of historic revolution in which we must be reborn as a true religious organization. How can we survive if our faith is not resurrected as a true religion? In this age in which everything in the global village is exposed like glass in a state that all mankind can see, all abilities are revealed in front of everyone, transcending blood ties and borders. Organizers already know that the stagnant beliefs of the past cannot be expanded any further. However, the achievements so far are definitely worthwhile, so I hope that the teaching of the truth will come out of all their organizations. Only when the truth is properly known can people realize the meaning of their existence anew. And prosperity and peace will come to this earth, glory will be returned to heaven, and the names of many believers who have worked so hard will shine together. Regarding science, there is a very significant message in the words of Pope Francis at the General Assembly of the Pontifical Academy of Sciences on October 24, 2014."The Big Bang, presented as the origin of the world today, does not contradict the intervention of the Creator, but rather depends on the Creator.

Evolution also presupposes the creation of evolving beings, so it does not conflict with the concept of creation." This message shows how deeply the Pope is concerned. Because if there was an organism to evolve, then there was also the creation of matter. So, it's just starting to evolve after creation, so that's a really valid message. Of course, the Pope was unable to explain to scientists the more fundamental depths of the soul, not matter.

One fact is missing here. To tell the truth, our souls are not the object of creation. As I have already said before, the Big Bang means the creation of matter, not the creation of a soul that has existed from the beginning and cannot be destroyed. Both dust and organisms, which are matter elements, are matter. Perhaps the church means even the creation of the soul, but the original Our souls were meant to be.

2021.08.31./Seo Kyung-rye/
The Big Bang refers to the creation of matter.

Why was Bruno burned at the stake?(10/10)

11. The Age of Truth after the Big Bang

Our body generates heat when our body is wounded, or when we catch a cold or when the cells in the body fight a huge battle with each other after receiving the COVID-19 vaccine. It is a collision of different and heterogeneous things. Let your imagination run wild and expand that process. The human elements, which were originally present in the infinite universe, had a tremendous retrograde, which collided with other elements on their own, gathered together, and finally made a huge burst, and this is the Big Bang. Without a process of re-touching precisely the finer details of the long journey of the immortal being to this point, the faith organizations, including the Catholic Church of the future, cannot face scientists. They have the characteristic that dialogue does not progress in the singularity of the Big Bang unless it is understood more clearly. Because they are intellectuals who want to know the fundamentals of the universe.

If the church had known everything clearly, it would have been able to answer these endless questions of physicists now.

In fact, matter and immaterial are closely related to each other. I look forward to the opportunity to speak to you again in the future.

Once again, the view is narrowly returned to our place in the global village. Today's popular physicists like Brian Greene say that everything we know and see is perhaps a hologram illusion?

I'm talking about the fact that more and more people are suspicious. you're right.

The best physicists often say we don't know yet. Now, the more they study the laws of physics, the more they will have to move from matter to non-material beings, and eventually they will know for themselves that they have to acknowledge the existence of God.

The equation logically states that matter is an illusion like a hologram that the scientists embrac e and live and believe in on a daily basis. Sooner or later, scientists will be able to understand the fundamental principles of the universe. If believers take a step forward and resurrect as a religion equipped with truth, religion and science will meet at the same

point of truth, so there will be no conflicts due to misunderstanding. Until now, past the age of believers who moved their legs, intellectuals who studied only materials so much completed the role of the body. Lastly, we are living in a truly glorious time as we are approaching the era of philosophers, who are true intellectuals with a wise head that says "faith + material knowledge + immaterial knowledge = truth". thank you

2021.08.31./Seo Kyung-rye/The era of opening the door to truth after the Big Bang

브루노는 왜 화형을 당했는가? (1/6)

1. 종교와 과학

사람이 사람을 죽이는 일은 참으로 불행한 일임에는 분명합니다. 많은 죽음과 삶 속에서 어떤 경우엔 집단으로 죽임을 당하기도 했고, 어떤 경우엔 지금까지 많은 이들로부터 칭송을 받기도 하는데, 그런 일련의 사태에도 불구하고, 결과적으로 지금은 전 세계가 갈등의 상태에 놓여 있음은 아무도 부인하지 못할 것입니다. 여기서 우리는 그토록 많은 사상가들이 있었고, 신앙인들이 있었고, 과학 시대임에도 그 동안 무언가를 놓치고 있었다는 사실을 부인할 수는 없습니다.

브루노는 사형을 당했습니다. 1600년 2월 8일에 교황 클레멘스 8세는 브루노에게 화형을 선고했고, 그에 따라서 9일 후 브루노는 로마의 시장 캄포 데 피오리에서 말뚝에 묶이고, 입에 재갈이 물린 채 불태워졌습니다.

사람이 사람을 그것도 로마 교황이 그것도 참혹하게 불에 태워 죽이도록 사람을 화형시켰다는 사실은 움직일 수 없는 역사적인 사실입니다. 여러분들은 그 원인을 생각해 보셨습니까?

아니면 1899년 빅토르 위고를 비롯한 많은 유명한 사상가들처럼 브루노 동상을 세우면서 동상 밑에는 " 브루노 그대가 여기에서 불태워짐으로써 그 시대가 성스러워졌노라." 라고 말하겠습니까? 만일에 불태워짐으로써 성스러워진다면 사람들은 모두 그렇게 죽어야 한다는 결론이 나오는데 참으로 이상한 논리가 됩니다. 브루노는 분명 화형으로 불행하게 죽었습니다. 그리고 그의 동상을 보면 어둠이 짙게 배어 나옵니다. 브루노가 위대한 진보적 사상가이고, 성스러운 순교자라면 그를 죽인 교황은 천하의 악인이 되는 것이 맞는 것이고, 계속해서 로마 교회를 포함한 이 시대 모든 신앙인은 신을 숭배하므로 정말로 나쁜 사람들이 되어야 마땅합니다. 우리는 알아야 하겠습니다.

종교와 과학은 정말로 양립할 수 없는 것일까? 종교가 진리를 추구하는데, 과학도 진리를 탐구하는 것이라면 둘은 하나를 향해서 가고 있는데, 왜 서로 간 대화가 불가능한 것일까?

이 문제는 필연적으로 로마 교황과 브루노의 문제를 넘어 종교와 과학의 이 첨예한 대립 문제까지도 풀어야 한다는 숙제가 나옵니다.

2021.08.21./서경례/ 인류의 장벽은 대화 단절부터 시작.

2. 기독교 신앙과 근대 과학의 충돌

브루노는 1572년 사제로 임명된 사람이고, 나폴리에 있는 성 도미니카 마조레의 도미니크 수도회에서 신학 과정을 밟은 사람입니다. 그때까지 브루노는 도미니크 교단에 대해서나 교회에 대해서 공개적으로 비판을 한 적은 없었습니다. 그럼에도 그의 신학관이 정통적인 신학관에서 벗어나 있다는 것이 알려졌고, 그의 적들은 그가 에라스뮈스의 금서를 읽었다는 사실을 교회에 신고했다고 합니다. 여기서 그의 주변에 그를 적대시하는 많은 이들이 있었음을 엿볼 수가 있습니다. 1580년부터 1585년 사이에 브루노는 신학, 천문학, 철학 분야의 저명한 저술가가 되어 새로운 사실을 환영하는 파리와 런던에서 활동했으며, 옥스퍼드 대학에서 교수로 재직하기도 했다고 하니 아마도 두뇌가 우수한 천재적인 지식인이었음을 또한 짐작할 수 있습니다. 그에 대해서 말하고자 하면 일단 우리는 전제적인 시대적 상황에 대해서도 알아야 합니다. 왜냐하면 그가 살았던 시점이 기독교 신앙이 한창 왕성하던 시절이고, 천동설이 지배하던 시절이니 우선은 지식이 무엇이며, 신앙이란 무엇인지에 대해서도 알아야 할 것입니다. 그는 그 시대의 신앙인이면서 지식인이기도 했기 때문입니다.

3. 신앙이란 무엇인가?

사람들이 자신을 가리켜 신앙인이라고 말합니다. 그것이 맞습니다. 신앙인이기 때문에 그렇게 말하는 것입니다. 그렇다면 신앙이란 무엇인가? 신앙은 신을 숭배하는 것입니다. 하나 더 알아야 하는 것은 사람 자체가 본시 신이라는 것입니다. 육체는 물질인데 안의 사람은 순수 비물질인 신입니다. 그래서 신성이라는 말을 하는 것이고, "천상천하 유아독존"의 존재임을 스스로 아는 것입니다. 그렇다고 "천지 대자연 또는 하나님은 영이십니다." 에서 말하는 하느님은 아닙니다. 물리학에서 말하는 세포처럼 사람은 우주의 운용 주체로서 비물질 구성 원소이고, 없어서는 안 될 영원불멸의 존재가 됩니다. 이런 비물질의 존재가 진화를 하기 위해서 지금까지 살았습니다. 비물질인 영체가 진화를 거듭하지 못해서 이해력이 부족하면 하늘의 이치인 진리를 깨달아 자신의 모순과 역할을 결코 알 수가 없었던 것입니다. 그러나 그들도 스스로 신이기 때문에 결코 자신의 자리를 포기하지는 않습니다. 브루노가 살던 시대가 2차 대전 전 1548년~1600년의 시대였습니다. 쉽게 표현하면 사람의 몸을 은유적으로 시대를 표현하는 것으로 볼 때 하체가 움직인 시대였다는 것입니다. 2차 대전 이후는 몸통으로 볼 수 있습니다.

2021.08.23./서경례/ 하체의 활동처럼 원시적 초보적인 시대.

브루노는 왜 화형을 당했는가? (2/6)

4. 지식의 태동 시대

브루노는 신앙인이지만 지식인입니다. 지식이란 무엇일까? 지식은 비물질인 존재가 진화를 하는 과정에서 아는 것을 기록해 놓은 정보입니다. 인간만이 지식을 생산합니다. 인간이 동물과 다른 점 중에서 아주 대표적인 것인데, 잘 보십시오. 지식은 형체가 없습니다. 책이 물질이지만 그 안의 내용은 비물질인 것입니다. 그 안의 천차만별 정보는 비물질 질량을 가지고 있는데 그것이 모두 같은 것이 아니고, 시대마다 사람마다 다릅니다. 인간의 영체는 지식을 통해서 자신을 성장시키지 못하면 스스로 미쳐가는 것을 알 수 있습니다.

영체인 사람이라는 존재에게는 이 지식이 밥이 되는 것인데 점점 DNA가 진화를 거듭하면서 질량이 우수한 대식가가 되었기에 더 고 질량의 지식을 먹어야 살아갈 수가 있습니다. 브루노도 역시 마찬가지로 지식을 먹고 살았고, 당시에 나와 있는 지식을 통해서 자신의 지식을 축적하는 단계에 있었던 것입니다. 그러나 우주와 모든 삶의 총체적 근본인 진리를 알았던 것은 명백히 아니라는 사실입니다.

브루노는 옥스퍼드 대학에서 교수로 재직하는 5년 동안 태양계에 관한 코페르니쿠스의 이론을 집중적으로 연구했고, 우주가 무한하다고 주장했으며, [성경]의 도덕적 가르침을 따를 수는 있지만 천문학적인 내용에 대해서는 동의할 수 없다고, 말했습니다.

또 1592년에 브루노와 그를 초청한 베네치아 귀족 모체니고와의 사이에 불화가 생겼다고 합니다. 모체니고가 갑작스럽게 브루노에게 등을 돌리더니 베네치아 종교 재판소에 이단 혐의로 그를 고발했다고 합니다. 여기서도 그는 옆 사람하고 불화를 경험하고 있다는 사실을 우리는 기억할 필요가 있습니다.

교회가 그를 기소한 근거는 지구가 우주의 중심이 아니라는 것과 우주가 무한하다는 것, 별들은 수정구에 고정되어 있지 않다는 그의 저술에 관한 것이고, 그의 주장들을 무조건으로 철회하는 것만이 살 수 있는 유일한 길이라고 경고를 했습니다.

이에 대해 브루노는 어떠한 이론도 철회하지 않겠다고 선언했고, 그는 과학의 발전 역사에서 하나의 희생자로 죽어갑니다.

그가 비록 명석하고, 그의 가설들이 지금 모두 과학적으로 인정된다고 하더라도, 자신이 알고 있는 지식이 모두 옳다고 하면서 조금도 타협을 하려 하지 않는 현대의 지식인이 가지고 있는 특성을 모두 가진 사람임을 그의 기록들을 통해서도 우리는 확인할 수 있습니다.

2021.08.24./서경례/ 과학적 발전의 희생양들.

5. 지식의 성장 시대

과학지식이 성장하여 몸통이 역할을 하던 시대를 지나, 머리로 움직여야 하는 지금과 비교를 해 보시면 엄청난 지적인 차이를 여러분들은 알 수가 있습니다. 당시엔 과학지식의 힘이 지금처럼 크지 않았습니다. 인류는 2차대전 이후에 비약적인 발전을 이룩하고, 인구가 폭발적으로 증가하는 경험을 합니다. 전쟁 등으로 죽어가는 인구가 많이 줄었을 뿐만 아니라, 선진국들부터 사람의 생명을 소중하게 다시 보는 반성을 하기 시작합니다. 아인슈타인은 1905년과 1916년에 각각 '특수 상대성이론'과 '일반 상대성이론'을 발표했는데, 이런 이론들은 고전 물리학의 토대를 송두리째 바꾸고, 현대물리학의 새로운 토대를 마련했다는 평가를 받고 있는데 바로 그것이 지난 근대 과학시절이 미약한 지식의 시대였음을 말하는 증거입니다. 그런 1900년의 시대보다 한참 전의 과학을 논했던 시대의 브루노는 1548년생으로 1572년 사제 서품을 받았습니다. 같은 해 나폴리 수도원으로 배치되어 신학 공부를 계속했는데 지금의 여러분들처럼 시시콜콜한 신학 논의들로 짜증을 느꼈다고 합니다. 그리스도의 신성을 부정한 아리우스파의 이단 학설을 거리낌 없이 논의한 일 때문에 수도원장이 이단죄로 재판을 하려 하자, 1576년 2월에 로마로 피신합니다. 1578년에 제네바로 가서 교정일로 생계를 꾸려갔고, 형식적으로는 칼뱅주의를 받아들였으나, 개혁 교회도 가톨릭 못지않게 브루노에게 비관용적이라는 사실을 알게 됩니다. 그리고 체포되어 파문당했지만 발언을 철회함으로써 복권되었습니다. 다시 파리에서 브루노는 가톨릭과 프랑스 프로테스탄트인 위그노 사이의 투쟁에도 불구하고, 앙리 3세의 궁정은 '폴리티크'라는 관용파가 지배하고 있었고, 종교에 대한 브루노의 태도는 이 집단과 양립할 수 있어서, 앙리 3세의 보호를 받았습니다. 1583년 앙리 3세의 소개장 덕분에 옥스퍼드에서 강의할 수 있었고, 이 강의에서 그는 지구가 운동한다고 주장하는 코페르니쿠스 이론을 설명했습니다. 그러나 역시 옥스퍼드 출신자들의 적대적인 태도 때문에 프랑스 대사의 초청을 받아 런던으로 돌아왔습니다. 1584년 2월 시드니 모임의 회원인 폴크 그레빌의 초대를 받아 옥스퍼드 대학의 몇몇 박사와 함께 지구의 운동에 관한 자신의 이론을 놓고 토론을 벌였으나, 토론은 말다툼으로 끝났고, 그는 영국 사회의 예의범절과 옥스퍼드 대학 박사들의 박식한 체하는 태도를 강하게 비판하기도 했습니다. 여러 기록물에서 보면 브루노의 사람들과의 계속적인 충돌이 얼마나 강력했었는지를 엿볼 수가 있습니다. 이러한 사실은 뒤이어 말씀드릴 중요한 진리를 품고 있습니다.

2021.08.25./서경례/ 사람들과 충돌하는 지식인의 자화상.

브루노는 왜 화형을 당했는가? (3/6)

6. 사람들과 동화되기 어려운 지식인

브루노 저<무한한 우주와 무한한 세계에 관하여> (1584)에서는 아리스토텔레스 물리학을 체계적으로 비판했고, 그는 또한 "종교는 무지한 백성들을 가르치고 통치하는 수단이고, 철학은 스스로 처신할 수 있고, 다른 사람을 통치할 수 있는 선택된 사람들의 학문이다." 라고 주장했습니다. 그의 도덕 3부작에서는 그리스도교 윤리를 강력하게 비판하고 있었고, 브루노는 특히 신앙에 의해서만 구원받을 수 있다는 칼뱅주의를 반대합니다. 브루노는 자신의 지식에 몰두하면서 참으로 다른 사람들과 동화되기 어려운 사람이었던 것입니다. 다른 사람들과 동화되기 어려운 고집은 당시의 권력층과 충돌을 경험합니다. 1585년 10월 파리로 돌아온 브루노는 정치적 분위기가 변했다는 것을 알았고, 엔리케 3세는 교황으로부터 파문당한 상태(브루노에게 불리함)였으나 브루노는 전혀 상관하지 않고, 가톨릭 분파의 하나인 파브리치오 모르덴테와 논쟁을 시작하면서 그를 비웃었고, 공개적으로 아리스토텔레스를 공격했으며, 정치가들은 그와의 관계를 부인했습니다. 독일에서도 그의 종교관을 피력하면서 그는 상호 이해와 상호 토론의 자유를 바탕으로 모든 종교의 평화공존을 얘기했으나 1589년 1월 결국 헬름슈테트에서 지역 루터교회에 의해 추방당합니다.

1591년 운명의 8월 베네치아의 귀족 조반니 모체니고의 초청을 받아, 모체니고의 손님 자격으로 이탈리아로 발길을 돌렸으나, 그의 강의에 실망한 데다가, 모체니고의 의도와는 달리 프랑크푸르트로 돌아가 자신의 작품을 출판하려는 브루노의 생각에 격분한 모체니고는 그를 베네치아 종교재판소에 고발함으로써 그의 자유는 결국 비극적으로 끝나게 됩니다. 분명한 사실 하나는 사람들이 그를 계속해서 떠나가는 기록들을 우리는 보게 됩니다. 옛날엔 영문이 열린 예언가들이나 많은 신앙인이 영적인 체험과 느낌을 가지고 그것을 마치 특별하고, 하느님의 계시를 받은 것인 양 착각하여 권력을 유지할 수 있었고, 주술가나 교황, 신앙자들이 각종의 파벌을 형성해서 세력을 키우고, 사람을 움직일 수 있었습니다. 진화하는 사회 속에서 한 단계 진보를 거듭했지만, 본질적인 것은 아직도 미진한 상태에 있습니다.

지금은 지식인이 모든 권력을 가지고 있고, 신앙인들은 지식들들 즉 판사나 검사들의 결정 앞에서 지식의 힘을 빌리지 않으면 아무런 버틸 근거와 명분이 없는 것을 보면 세월이 감에 따라서 사회가 얼마나 많이 달라지고 있는지를 확인할 수 있습니다. 그리고 신앙은 지식인의 지식이 아닙니다. 인류 역사에서 하체에 해당하는 시

대는 지적인 힘보다도 영적인 체험이 더 일반인들에게 설득력이 높았다는 것을 말합니다. 누군가는 사회를 이끌어 가야 하는 때에 그들은 그들의 능력의 범위 안에서 역할을 다했던 것입니다. 그러니 그것을 탓하는 것은 미래로 가야 하는 입장에서는 어리석은 것입니다. 그런 역사적 역할을 하는 과정에서 발생되었던 가톨릭 교회의 역사는 많은 오류를 가질 수밖에 없었는데, 가톨릭 교회의 수장이었고 브루노에게 화형을 선고했던 교황 클레멘스 8세 이후로 그들의 끊임없는 자기 성찰과 고뇌의 발자취를 돌아볼 수 있는 자료들이 있습니다.

2021.08.27./서경례/ 과거의 역사적인 오류를 해석하는 방법.

7. 교회의 해묵은 숙제들

신앙 조직은 지난날 나름의 역할이 분명히 있었습니다. 지금처럼 사회가 성장하여 지식인이 사회를 주도하지 못하던 시절에 사회를 책임지고 가야 하는 것이 그들의 임무였던 것이지요. 그런데 진리를 장착한 것은 아니고, 진리를 향해서 가고 있었던 것입니다. 완전하지는 못했지만 교회는 교회대로 많은 노력을 해왔던 것입니다. 1936년 비오 11세 교황은 교황청 과학원(The Pontifical Academy of Sciences)을 설립해서 뛰어난 과학자들을 초빙해 그들의 목소리에 귀를 기울였으며, 후임인 비오 12세 교황은 아마추어 천문가였습니다. 그는 진지하게 현대 과학의 성과에 대해서 숙고하면서 포용하려고 노력했으며, 1950년과 1951년, 두 번에 걸쳐 진화론과 빅뱅우주론 등이 가톨릭 신앙과 모순되지 않는다고 말합니다. 1950년 8월 12일에 발표한 회칙 <인류 Humani generis>는 "진화론을 충분히 숙고할만한 가치가 있는 하나의 진지한 가설"로 언급하며, 진화론과 그리스도교 신앙이 양립할 수 있다고 선언합니다. 점점 세력을 키우는 과학 앞에서 신앙 조직은 그 열세를 인정하며, 돌파구를 찾아야 했던 것입니다.

다만 한 가지 전제 조건을 두는데, 인간의 영혼에 관한 것으로 [인간의 육체가 그 이전의 생물체에 기원을 두더라도, 그 영혼은 하느님이 직접 창조한 것이라는 점]을 강조합니다. 이 점을 분명히 한다면 진화와 신앙 교리 사이에 아무런 대립도 없다고 교회는 말합니다. 다시 말하면 그들이 진화론을 부정하는 것은 아니지만 이렇게 느끼는 영혼은 별개라는 의미를 가지고 있습니다. 여기서 아주 중요한 메시지를 읽어낼 수 있습니다. 당시의 교황과 가톨릭계는 사실 틀린 말을 한 것이 아닙니다. 그들은 영적으로 발달된 사람들입니다. 육체는 과학자들이 말한 것처럼 이해가 되지만 스스로 느끼는 자신의 영혼의 문제에 대해서 과학자들은 아는 것이 없었습니다.

브루노는 왜 화형을 당했는가? (4/6)

지금까지 어떤 물리학자도 그런 영혼의 문제에 대해서 다루지 않았고, 그들이 허구한 날 탐구하는 것은 물질입니다. 많은 사람이 영적인 경험을 하고, 꿈으로도 많은 힌트를 접하는 상황인데 이것이 무엇인지에 대해서 신앙인들은 경험하고 있지만 과학자들은 신앙인들을 설득할 수 없었습니다. 그것은 지금도 마찬가지입니다. 진실로 말하면 비물질인 사람의 존재는 우주의 모든 에너지를 움직입니다. 태양은 지구를 지켜주기 위한 땔감의 역할을 하는 물질에너지입니다. 물질만을 따로 떼어놓으면 우리 태양계에서는 태양이 중심이지만 물질과 비물질을 같이 얘기하면 이 비물질 사람의 존재가 모든 3차원 우주에서는 중심에 있는 것인데, 이에 대해서 신앙인들은 정확하게는 잘 모르지만 그래도 느낌으로는 태양이 지구 즉 사람을 위해서 존재하고 우리들 사람이 주인 같은 느낌을 배제할 수는 없었던 것입니다. 사람이 만물의 영장이라는 말은 그런 의미를 품고 있으며, 진실로 맞는 것이기에 그렇습니다. 그래서 교황을 포함한 모든 신앙인들은 영혼이라는 비물질 지식에 대한 체계적인 그 무언가를 알고 싶지만 알지 못했고, 그에 대한 설명을 어느 과학자들로부터도 들은 바 없었기에 참으로 답답하지만 그들도 분명 하느님의 존재에 대해서 그리고 사람의 영혼에 대해서는 양보할 수가 없었던 것입니다.

이것은 지식인들이 자신의 지식을 결코 포기할 수 없는 것과 똑같은 것입니다. 여러분들은 여러분들이 아는 지식이든 신앙이든 포기할 수 있겠는지요? 사람은 자신이 이해되지 않는 한, 그 어떤 것도 포기하지 않습니다. 결코 소멸될 수 없는 독자적인 존재이기 때문입니다.

2021.08.28./서경례/단편적인 지식과 총체적인 지식.

8. 격렬한 성격의 지식인들

근대 과학이 겨우 태동하던 1500년대 당시는 지금보다는 사람의 질량이 낮은(100으로 볼 때 30% 이하의 단계) 진화하는 시대였기에, 교황이 종교재판의 재판관이 될 수 있었고, 사람을 화형에 처하라고 명령을 할 수 있었던 것입니다만 실상은 종교재판이 아니고, 신을 숭배하느냐 아니면 사람의 지적인 지식을 믿고 따르느냐 의 신들(브루노와 교회)의 고집싸움이라고 보면 됩니다.

지금처럼 발달된 사회에서는 사람의 목숨을 함부로 다루지 않지만 미개한 사회일수록 사람의 목숨을 가볍게 여기는 것이기에 그러한 시대적 상황 속에서 개인을 화형에 처할 수 있는 권력의 힘 앞에 브루노는 그의 격렬한 성격을 표출하는 것에 대해서 조금도 주저하지 않았던 사람이고, 그의 성격이 끊임없이 비판받았지만, 상대

를 무시하고 덤벼들었던 것이지요.

더 자세히 분석 드리면, 브루노뿐만이 아니고, 동서양을 막론하고, 격렬한 성격을 가졌던 많은 지식인들은 다 죽임을 당하거나 어떤 형태로든지 축출을 당했던 것이 지난날의 역사였음을 우리는 조금만 유심히 살펴보면 알 수 있습니다, 그들은 모두 그 시절의 상대와는 동화될 수 없었던 자신의 강력한 주장을 표출함으로써 희생자의 길을 갔었던 것입니다. 브루노도 과학의 발전 역사에서 하나의 희생자로 남는 것인데, 그를 단죄한 교황도 역시 희생자를 만든 불명예로 지금까지 남아 있었던 것이니 그들이 무엇을 모르고 무엇을 알고 있었는지를 공부하는 것이 발달된 시대인 2021년 지금은 참으로 현명한 일입니다.

교황 요한 바오로 2세는 1979년 갈릴레이 재판이 오류였음을 공식 인정하고, 360년 만에 그의 복권을 선언합니다. 또한 교황은 과학과 종교에 대하여 노력하고 연구하고 있음을 표출하는 의미가 담긴 메시지를 말합니다.

"과학은 종교로부터 그릇된 생각과 미신을 추방하여 종교를 정화시킬 수 있으며, 종교는 과학으로부터 맹목적 심취와 그릇된 절대화의 위험을 제거하여 과학을 정화시킬 수 있다. 과학과 종교는 서로 상대방으로부터 장점을 취함으로써 한층 넓은 세계, 곧 과학과 종교가 함께 번영할 수 있는 세계로 갈 수 있다."

진실로 말하면 브루노 사건과 갈릴레오 등의 사건에서 보이는 갈등들은 겨우 과학이 태동하는 단계에서의 신앙과 근대과학의 싸움이지 지금 교황이나 지식인들이 평가하는 것처럼 종교와 과학의 싸움은 아닙니다.

종교와 과학의 궁극적인 목표가 진리인데 하느님이 둘이 될 수가 없듯이 진리가 둘이 될 수는 없는 것이고, 같은 진리에 도달했다고 한다면 각 따로 논리가 형성될 필요는 없는 것입니다. 당시엔 천동설이 통설이고, 당연한 것으로 여겨졌다고 하니, 지동설을 누구나 알고, 더 나아가 블랙홀을 이미 증명으로 알아냈고, 또한 물질의 보다 근본적이고 미세한 부분까지도 밝혀내는 양자역학이라는 물리학을 논하는 시대인 지금과 비교를 해 보면 참으로 커다란 격세지감을 우리가 느낄 수가 있을 것입니다.

한마디로 진리는 당시에 태동되지도 않았고, 그것을 사람이 소화할 수 있을 정도로 진화되지도 않았던 시절입니다. 따라서 엄연히 느끼고 있는 존재로서의 영혼에 대해서는 어떠한 설명도 하지 못하던 근대의 미숙한 과학과, 분명히 인지하는 영혼의 세계를 과학자들에게 상세히 설득하지 못했던 신앙인들은 현대를 사는 우리를 위해서 성장통을 겪었던 역사적인 희생자들이라고 보면 됩니다.

2021.08.29./서경례/ 역사적 발전의 희생자들.

브루노는 왜 화형을 당했는가? (5/6)

9. 브루노의 무지

이탈리아의 철학자이고, 천문학자이자 수학자인 브루노는 자신의 탁월한 기억력과 명석한 두뇌로 코페르니쿠스의 태양 중심이론을 직관으로 넘어섰고, 시대를 앞서가는 과학적 상상력을 가지고 있었습니다. 그러나 자신의 지식을 집요하게 고수하면서 옥스퍼드 박사들을 포함한 당대의 권력층들을 끊임없이 비판했고, 그러한 격렬한 자신의 주장 때문에 당연히 자신도 끊임없이 비판받았고, 추방당했고, 배척당했으며 마지막은 결국 형장으로 보내졌습니다. 자기의 두뇌가 아무리 좋았고 그래서 많은 과학적 지식을 알았다고는 하나 그것이 당장에 앞에 보이는 사람보다 더 중요할 수는 없는 일. 진실로 말하면 자신의 이론보다는 앞에 보이는 당대의 사람들 존재가 더 중요했었건만 브루노는 사람의 중요성을 알지 못했습니다. 아예 관심조차 없었고, 자신이 알고 있는 물질적인 지식만이 그에겐 중요합니다. 비물질인 사람에 대해서 지식이 없었다면 그의 지식이 얼마나 협소한 것인지도 앞으로는 드러나는 시대라는 것을 말씀드립니다. 사람의 물질 지식이 아무리 높다 하나, 그 역시 눈앞에 있는 상대방과 소통되지 못할 때에는 자신에게도 타인에게도 결코 유익하지 못하고, 오히려 식자우환이 됩니다.

냉철하게 돌아본다면 그의 과학적인 지식은 지금의 과학적 지식에 비하면 그저 어린아이 수준이라고 아니할 수 없었으며, 그가 그렇게 주장하지 않았어도 이후 많은 갈릴레오 갈릴레이와 지금도 물리학계을 지배하는 아인슈타인, 원자폭탄을 개발한 로버트 오펜하이머 박사, 원자구조의 이해와 양자역학의 성립에 기여한 닐스 보어 등 충분히 많은 수의 과학자들이 과학을 발전시켜 왔으리라는 것을 우리는 능히 짐작할 수 있습니다. 그렇게 많은 과학자의 노력 덕분에 은하계 항성부터 원자의 구조까지 우주의 작동원리에 관한 많은 과학적 성과들을 이룩해 낸 것은 누구나 알고 있습니다. 브루노와 확연히 다른 것은 그런 엄청난 성과물에도 불구하고 탁월한 현대의 물리학자들은, 여전히 "아직은 근본적인 수준에서도 불명확한 것들이 너무나 많습니다." 라고 말하고 있다는 사실입니다. 지금 물리학계는 양자역학이 지배하고 있습니다. 아직도 과학자들이 진리에 도달하지는 않았기에 만족할 수 있는 단계는 아닙니다. 지금은 블랙홀의 내부는 어떤 세계인가, 빅뱅 이전은 무엇인가? 등의 더 난이도 있는 숙제를 풀기 위해 고심하고 있습니다. 브루노의 격렬한 주장과는 다르게 조심스럽게 다른 과학자들로부터 자신의 가설을 인정받고자 합니다.

2021.08.30./서경례/ 사람과 지식의 선택 중에서.

10. 종교와 과학이 진리에서 만날 때

종교는 진리를 가르치는 것입니다. 글자 그대로 가장 높은 것, 그것은 진리가 되는 것이기에 시대와 공간을 초월해서 진리란 것은 항상 변함없이 적용되는 것입니다.

따라서 신앙과 종교는 본시 다릅니다. 지식인들은 이 점을 또한 혼동하고 있었습니다. 지금까지 종교라고 알고 있었던 많은 신앙 조직은 각 신을 따르고 추앙하는 것입니다. 그들의 최종 목적은 물론 진리를 알고자 하는 것입니다만 시대적 조건들이 진리를 이해할 수가 없었습니다. 대신 무수히 많은 말들을 생산해 냈지만, 그에 대한 바른 해석은 지적인 진화를 끝내고 진리를 바르게 해독할 수 있는 사람들이 나오는 시점인 2013년 이후부터 가능했던 것입니다.

그리고 대한민국 우리들이 갈등이 극대화된 지구촌의 선봉에 서 있다는 사실은 대한민국부터 나온다는 것을 의미합니다. 갈등이 극대화된 사회는 변혁을 앞두고 있다는 증거이기도 합니다. 지적 진화가 가장 농염하게 익어 있는 사람들이 바로 대한민국의 지식인입니다. 머리 즉 지혜와 진리의 힘으로 사는 미래에 세계로 나갈 준비가 되어 있는 유일한 민족입니다.

신앙도 이제 한 단계 올라서야 하겠습니다. 신앙에서 진정한 종교 조직으로 거듭나야 하는 역사적인 대변혁기에 접어들었습니다. 신앙이 진정한 종교로 부활하지 않는데 살아남을 수 있는 방법이 있을까요?

지구촌 모든 것들이 인류가 모두 볼 수 있는 상태로 유리처럼 드러나는 이 시대는 혈연과 학연 지연과 국경을 초월해서 모든 실력이 만인 앞에 드러나기에 실력 있는 대한민국 지식인들이 지도자로서 이 시대를 이끌어 가야 하고, 과거의 정체된 신앙은 더 이상의 확장이 불가능하다는 사실을 이미 조직의 운영자들은 알고 있습니다. 그러나 지금까지의 성과는 분명 가치 있는 것이기에 그들의 모든 조직에서 진리의 가르침이 나와서 비로소 사람들이 자신의 존재 의미를 새롭게 깨달아갈 때에만 비로소 이 지구상엔 번영과 평화가 찾아오고 하늘엔 영광을 돌려드릴 것이며, 그동안 노력했던 많은 신앙인의 이름과 성과들이 함께 빛날 수 있는 것입니다.

과학에 대해서는 현재 프란체스코 교황의 2014년 10월 24일 교황청 과학원 총회에서 한 말 중에서 아주 의미심장한 메시지가 있습니다. "오늘날 세상의 기원으로 제시되는 빅뱅은 창조주의 개입과 모순되지 않으며, 오히려 창조주에 의존합니다. 진화도 진화할 존재의 창조를 전제로 하기에, 창조의 개념과 충돌하지 않습니다." 이런 메시지는 교황께서 얼마나 깊은 고민을 하고 있는지를 보여주는 것입니다.

브루노는 왜 화형을 당했는가? (6/6)

왜냐하면 진화할 유기체가 있었다면 그것도 역시 물질의 창조가 있었기에, 창조 이후 진화를 시작하고 있는 것이고, 그래서 진실로 타당한 메시지가 됩니다.

물론 교황께서는 물질이 아닌 영혼에 대해서 더 근본적인 깊이는 자세히 과학자들한테 설명할 수가 없었습니다.

여기에서는 한 가지 사실 하나가 빠져 있습니다. 진실로 말씀을 드리면 우리의 영혼은 창조의 대상이 아닙니다. 앞에서 이미 말씀드렸습니다만 빅뱅이라는 것이 물질의 창조를 의미하는 것이지 처음부터 있었고, 결코 소멸될 수 없는 영혼의 창조를 의미하지는 않습니다. 물질 원소인 먼지도 유기체도 물질입니다. 아마도 교회는 영혼의 창조까지 의미하는 것으로 보입니다만 원래 우리의 영혼은 본시 있었던 것입니다.

2021.08.31./서경례/빅뱅은 물질의 창조를 의미하는 것

11. 빅뱅 이후 진리의 시대

지금은 지구촌의 모든 지역이 코로나19라는 바이러스로 몸살을 앓고 있습니다. 인류사회가 하나로 통합되면서 이젠 모든 문제가 지엽적인 갈등으로 끝나는 것이 아니라는 사실을 교훈으로 삼아야 할 것입니다. 우리의 육체가 상처가 났을 때 또는 감기에 걸리거나 코로나19 백신을 투입받아서 몸속에서 세포끼리 엄청난 전쟁을 치를 때 우리 몸은 열을 발생시킵니다. 서로 다른 이질적인 것들이 부딪히는 것이지요.

그러한 과정을 무한히 상상력을 발동시켜서 확장해봅시다. 무한의 우주에서 본시 있었던 비물질 원소들이 엄청난 모순과 역행을 했고, 이는 스스로 다른 원소들과 부딪히면서 끼리끼리 모여서 드디어 엄청난 파열음을 냈던 것이고 이것이 바로 빅뱅입니다. 영원불멸의 존재가 여기까지 오게 된 지나간 여정의 세밀한 과정을 정확하게 다시 만지는 과정 없이는 미래 가톨릭을 포함한 신앙조직은 과학자들과 마주할 수가 없습니다.

그들은 더욱 명료하게 이해되지 않으면 빅뱅이라는 특이점 부분에서는 대화가 진전되지 않는 특성을 가졌습니다. 우주의 근본을 알고 싶어하는 지식인들이기 때문입니다. 만일에 교회가 모든 것을 명백히 다 알고 있었다면 지금 물리학

자들의 이 끝없는 궁금증을 해결해 줄 수 있었을 것입니다. 사실 물질과 비물질은 서로 밀접한 관련성을 가지고 있습니다. 추후 또 말씀을 드릴 기회가 있기를 기대합니다.

다시 또 시야를 지구촌 우리 자리로 좁게 돌아옵니다. 여기서 좀 더 한 차원 높은 사고를 한다면 지금의 통설적인 과학적인 모든 가설과 우리의 견해도 단언할 것이 못 된다는 우리의 지식에 대한 의심을 한번 해 보는 지혜가 또한 필요합니다.

브라이언 그린 같은 요즘의 인기있는 물리학자는 우리가 알고 보고 있는 모든 것들이 어쩌면 홀로그램처럼 허상이 아닐까? 하는 의심을 하는 이들이 점점 많아지고 있다는 사실을 공개적으로 이야기합니다.

아직은 모른다는 말을 최고의 물리학자들은 자주 말합니다. 이젠 그들도 물리의 법칙을 연구하면 할수록 점점 더 물질에서 결국엔 비물질로 옮겨져 갈 수밖에 없을 것이고, 결국엔 신의 존재를 인정하지 않을 수 없다는 것을 스스로 알아갈 것입니다.

물질이 홀로그램 같은 허상이었음을 그들이 그토록 매일같이 껴안고 살고 신봉하는 방정식이 논리적으로 말하고 있으니 말입니다.

머지않아서 과학자들도 우주의 근본 원리를 이해하는 자가 나올 것이며, 기존의 신앙인들도 한 단계 도약해서 진리를 장착한 종교로 부활한다면 서로 진리라는 하나의 점에서 만날 것이므로 서로 이해되지 않아서 대립하는 경우는 발생하지 않습니다.

참으로 새로운 시대는 하체가 움직이던 신앙인의 시대를 지나 물질만을 그토록 연구했던 지식인이 몸통의 역할을 마치고, 마지막으로 "신앙+물질지식+비물질지식=진리" 라는 지혜로운 머리가 움직이는 참지식인 시대를 코앞에 두고 있는 우리는 참으로 영광스러운 시대를 살고 있습니다. 감사합니다.

2021.08.31./서경례/ 빅뱅 이후 진리의 문을 여는 시대

The environment is changing
because of Corona.
The war in Ukraine will bring
the next big change.
The corona pandemic and
the war in Ukraine are
changing the world rapidly.
I will inform my friends.
If people change quickly,
the catastrophe ends here.

If we continue to live the same,
more and more catastrophes
will continue. It is up to us to call
or end this catastrophe.
It doesn't seem like it, but it's true.

코로나 때문에 바뀌고 있습니다.
우크라이나 전쟁은 다음으로 큰 변화를
몰고 올 것입니다.
코로나 펜데믹도 우크라이나 전쟁도
세상을 급변하게 하고 있습니다.
우리 페친님들께 힌트 드리는데요.
사람들이 빨리 변화되면
재앙도 여기서 끝납니다만

계속 똑같이 살면
갈수록 심한 재난이 계속됩니다.
이런 재앙을 부르거나 끝내는 것도
우리한테 달려 있다는 것이지요.
아닌 것 같지만 사실입니다.

2022.03.20./서경례/재앙을 끝내는 것도 우리가 열쇠

Friends,
don't be swayed by TV or YouTube commercials featuring celebrities asking you to donate money.

Hunger in Africa The refugee problem in developed countries is not so simple, and it is not something they can solve. Rather, it is making the disease worse.

The problems can be solved when the representatives of the United States and Korea move with the correct answers.
It's time to differentiate

우리 페친 님들은
TV나 유튜브 광고에서
유명 연예인들이 나오고
하루에 단 돈 1,000원 등
돈을 기부하라고 하는 것에
흔들리지 마십시오.

아프리카 기아 문제
선진국의 난민 문제
등은 그렇게 간단한 것도 아니고,
그들이 풀 수 있는 것도 아니고.

모든 문제들은 정확하게 정답을
가지고 한국과 미국의 대표들이
움직일 때 풀릴 수 있습니다.
분별이 필요한 시대랍니다.

Imagination

A physicist named Brian Green
believes in the concept presented
by the physics equation of
"multiverse".

Physicists think it's too hard
for people without imagination.

Can we imagine a real multiverse?
Imagine not having all the space we see.
There are no cars on Earth.
There is no house here. After all,
we don't even have a body.

Then only us people will be floating
around. Man is immaterial, immortal,
and energy. That is, we exist.

A group of physicists believes in the
multiverse(as the equation says).
Others don't believe in philosophy
or metaphysical concepts, not physics,
because they aren't proven metaphysical,
but they are truly multiverse.

Although we are invisible, we exist
in another dimension and at
the same time. So the equation
for the multiverse is correct.

People refer to the wrong person
as the 4th dimension. Even now,
we are coexisting with a world that is
not material, that is, a four-dimensional
universe where only energy exists.

If you can imagine it easily,
it is correct if you associate
it with the world of your dreams.

2021.07.19./Seo Kyung-rye/
Multiverse and the 4th dimension

상상 시간

브라이언 그린 이라는
물리학자는 "다중 우주"라는
물리학 방정식이 보여주는
개념을 신뢰합니다.

물리학자들은 상상력 없는
사람들은 너무 힘들겠어요.

진짜 다중우주를 상상해 볼까요?
우리가 보는 모든 공간이 없다고
상상하시고요. 자동차도 없고요
집도 없었어요. 나무도 없고요
드디어는 우리들 육체도 없어요.

그럼 우리 사람만이 동동 떠서
다니겠네요. 사람은 비물질이고
영원불멸이고 에너지입니다.
즉 우리들은 존재하는 것이지요.

물리학자들은 어느 집단은 다중우주를
신뢰하고,(방정식이 말하기에) 다른 집단은
형이상학적이라고 하여 증명되지 않아
물리학이 아니라 철학이나 형이상학적
개념으로 신뢰하지 않습니다만
진실로는 다중우주가 맞습니다.

우리는 보이지는 않지만 다른 차원하고
동시에 존재합니다. 그러니 다중 우주를
말하는 방정식이 맞습니다.

사람들이 부지불식중 엉뚱한 사람을
가리켜 4차원이라고 합니다만 지금도
중첩적으로 우리는 물질이 아닌 세계
즉 에너지만 존재하는 4차원의 우주와
공존하는 것입니다.

쉽게 상상 드리면 여러분이 꾸는
꿈속의 세계를 연상하면 맞습니다.

2021.07.19./서경례/다중우주와 4차원

청ㅇ   서 경례 님의 상상의 끝은 무한대~???
/ The end of your imagination is infinite~??

The story of 100 shepherds(1/3)

There is a shepherd who guards 100 sheep.
There are 99 sheep left, and if you find one lost sheep
and leave the 99 behind to go find it,
what will you do with the remaining 99?

What if the 99 are scattered again?
We're so busy, but it seems like it's enough to
just keep the rest. Because of one?

There's a book that says he's leaving to find
that one animal~~~ And what he says
They say they are happy because they found one sheep again~^^

why?
Shall we go and find a sheep?

2021.06.02./Seo Kyung-rye/In search of the remaining one

100마리의 목자 이야기(1/3)

100마리 양을 지키는 목자가
99마리가 있는데 길 잃은 양 1마리를 찾아서
99마리를 두고 찾으러 떠나면
나머지 99마리는 어쩌라고?

또 99마리가 흩어지면 어찌하냐고요?
그렇지 않아도 바빠 죽겠는데
나머지만 잘 지켜도 충분한데 1마리 때문에?

굳이 그 1마리를 찾아 떠난다고 쓰여있는 책이 있는데~~~
그러면서 하는 말
다시 찾은 양 1마리 때문에 즐거워한다나~^^

왜?
우리는 양 한 마리를 찾아 떠날까?

2021.06.02/서경례/나머지 한 마리를 찾아서

The story of 100 Shepherds(2/3)

Now
Would we be belong to 99?
Or would we be belong to 1?

김○○	저는 1마리에ㅠㅠ / I'm in 1.ㅠㅠ
서경례 김○○	아웅 머리 회전이 넘 빠르십니다. / You are so smart.
○○Han	1 / 1
김○○	우이구~, 산속 자연인으로 갈까 봐요. / Oops! Would I be a nature! 숙제가 넘 많아서 고달파요.^^ / Homework make me so hard^^
서경례 김○○	산속으로 가보십시오. ㅎㅎ / Then, Try that? ^^ 다시 오실겁니다.ㅎㅎ / You will come back.
김○○	나도 1마리 속입니당~^^ㅎ / I'm in 1 too^^
서경례 김○○	어찌 아셨어요? / How did you know that?
김○○	난 선생님의 손을 꼭 잡고 있어서 99마리에 속해요. / I'm in 99. Because I hold your hands tightly.
서경례 김○○	필자도 아직은 그 한 마리에 ㅋ / I'm in 1 yet. 여기 계신 분들 다 돌리면 같이 99마리 쪽으로 / We someday will go into the 99 togather.
김○○ 서경례	네네 / Ok
서경례 김○○	같이 손잡고 가면 빠르게 / hand in hand
김○○ 서경례	네 선생님 감사합니다. / Thank you.

100마리의 목자 이야기(2/3)

지금 현재 우리들
99마리 무리에 속할까요?
그 1마리에 속할까요?

김○○	한 마리를 찾는 마음으로 살고 싶어요 ~~ / I want to live finding 1
서경례 김○○	우리가 그 한 마리이오니 찾지 마시옵고 우리만 잘 가면 됩니다. / We are the only ones who need to go 99 safely.
홍○○	1마리에 / in 1
이○○	1마리에요. / 1
서경례 이○○	깜짝이야 / oops!
이○○	왜냐하면 그 한 마리 양은 모든 양의 리더이기 때문입니다.
서경례 이○○	늦게 오면 꼼짝없이 꼴찌를 ㅎㅎ 그런데 100마리 목자 이야기의 진리를 아는 사람이 얼마나 될까요? 이제 페북에 올려놓았으니 사람들이 서서히 알아갈 것입니다.
○○Moon	무념무상 해탈로 가는 길 숫자가 무의미하지요^.^ 서 선생님의 페북 열정에 찬사를 보냅니다. 감사합니다!!
황○○	하나님을 믿는 자에게는 99마리에 속하고 1마리의 양은 잃은 양을 찾는 전도자이고요? / Those who believe in God belong to the 99. A person who finds one lost sheep is an evangelist.
서경례 황○○	과거엔 그렇게 생각했기에 지금처럼 사회가 심각하게 병들어가기 시작하고 / Because we thought that way in the past, society is starting to become seriously ill like it is now.

이○○	저는 1마리요 / I am 1
서경례 이○○	정답이요. / Right answer.
JP○○	99도 아니고 1도 아닌 저와 같은 유별난 경우는 어찌합니까? / What about special cases like mine where the number is neither 99 nor 1?
김○○	한 마리 양 찾지 말고 풀어주라. / Don't look for a single sheep and release it.
임○○	오늘은 왜 시험에 들게 하나이까~~? 나무 관세음보살~~~ 한 사람 한 사람 어떤 생명이든 다 중요하니께~~ / Why are you putting us into a test today? Each and every life is important~~
서경례 임○○	아웅 선생님. 빵 터졌어요. ㅋ / It's so funny ㅋㅋ
김○○	나는 99마리 데리고 떠날 거임~^^ㅋ / I will leave with 99 sheep~^^ㅋ
강○○	한 마리는 외로우니까요? 함께해줘야지요. / Because one is lonely, right? We have to do it together.
김○○	한 마리 길을 잃은 양은 나야 나 / I am the one sheep that has lost its way
신○○	그냥 버린다. / Just throw it away
김○○	옳은 길 즉 바른길을 가는 자보다 길을 잃은 자 한 사람을 구하려는 마음 우리는 현실을 경제 원리로만 풀려고 하면이미 버리고 갔겠죠. / The desire to save one person who has lost his way rather than the person who is following the right path. If we tried to solve reality only with economic principles, we would have already abandoned it.
이○○	똑같이 사랑하기 때문이죠. 남아있는 99마리를 아무렇게나 방치하고 가진 않았겠죠. / Because God loves equally. They wouldn't have left the remaining 99 animals unattended.

손○○	옛적 우리 부모님들도 여럿 자식들 중, 몸 허약하거나 장애인 자식에게, 더 관심과 애정을 쏟아붓는 그 마음과 같다 할까요?.. / In the past, our parents also gave care to their children who were weak or disabled. Would you say it is the same as the heart that pours more attention and affection?
김○○	99마리는 나중이고 한 마리는 현재의 일이니 한 마리 찾는 마음이 더 급해 사람들은 나중보다 현재가 더 우선이라고 미래는 그때 가서 알일 보이지 않는 미래 미래를 생각하는 사람은 현명한 지혜로운 사람 / 99 are for later and 1 is for now, so I am looking for one. It's more urgent. People think that now is more important than later. A person who thinks about the future is a wise person
금○○	한 마리의 양이 돌아오면 99마리가 좋아하는 기쁨이~ / When one sheep returns, 99 sheep love it~
청○	아픈 손가락이 더 소중하기 때문 아닐까요? / Isn't it because sore fingers are more precious?
박○○	99마리 양은 우리에 있으니까 1마리 양을 찾을 수밖에 없지 않을까. 나름대로 해석ㅋㅋㅋ / Since there are 99 sheep in the pen, I guess we have no choice but to find one sheep. my own interpretation
고○○	99마리 양은 목자가 지키지 않아도 그 자리 안 떠나니까. / The 99 sheep will not leave their place even if the shepherd does not guard them.
김○○ 서경례 김○○	99:1 비율의 문제가 아닌 것 같은데요. / I don't think it's a 99:1 ratio issue. **맞습니다. 하나 없으면 아무도 소용없는 문제 ㅎㅎ** **/ you're right. A problem that is of no use to anyone without one**
○○박	선생님 지금도 그래야 될까요? 저라면 99마리를 위해 계속해서 가던 길을 가겠습니다. ~~♡ / Teacher, is that still the case? If it were me, I would continue on my way for 99 birds. ~~♡

The story of 100 shepherds(3/3)

I will give you the correct answer.
All of us, Michael Sandel and our Facebook friends
(including myself) are still part of that one prodigal son.
It would be popular if I said that we are among the 99
and everyone else is the 1, but since I know the answer,
I can't draw it.

Still.
If we know first and study first,
we can become the first in the human race, that is,
before Einstein, and before anyone else.
There is an equation that has an order and
a law that makes it impossible for us to take a single
step without knowing that we are the prodigal son.
I lay down here the truth that there is no way
without knowing myself.

2021.06.06./Seo Kyung-rye/We need to know ourselves first

100마리의 목자 이야기(3/3)

정답은 우리들 모두
마이클 샌델, 조국, 윤석열 우리 페친 분들(필자 포함)
아직은 그 1마리 탕자에 속합니다.
울 페친님들하고 필자하고는 그 99마리에 속하고,
다른 사람들은 그 1마리라고 말하면서 슬쩍 편을 들어주면
"인기짱"일 텐데 ㅎㅎ 정답을 알고 있으니, 그리는 못합니다.

그래도요. 먼저 알고 먼저 99마리 쪽 공부하면 우리가
인류 최초로 즉 마이클 샌델보다 아인슈타인보다 누구보다
먼저 윗자리로 갈 수는 있답니다.
순서와 법칙이 있어서 우리가 탕자인 줄 모르면
한 발짝도 못 가는 방정식이 있으니 나를 모르고는
어떠한 방법도 없다는 진리를 여기에 놓아 드립니다.

2021.06.06./서경례/조상들의 한을 풀려면

임○○	님의 글은 중독성이 있네요. 자꾸 보고 싶은 보고 있으면 머리가 시원해진다랄까. 그리고 생각을 해봤는데 문장으로 표현 못 하는 것들을 님은 자연스럽게 풀어내죠? 최고예요.
서경례 임○○	감사드립니다. 알코올 마약중독은 몸에 해롭지만 드리는 글은 중독될수록 몸도 마음도 힐링 ㅎㅎ 코로나 백신이랍니다.
임○○ 서경례	백신은 사랑입니다.

The illusion of the prodigals

I also talked about the 99 sheep on Facebook, and everyone thought the deviant sheep was someone else. In other words, He knew that we were one of the 99 sheep.
If I give you the correct answer
We are all the sheep that were driven out to the East of Eden due to dirt.
It would be very accurate to think that the global village here is outside that fence.

All people in the world would not have come here if they had not deviated. From the beginning, no one has the right to criticize anyone.

There is a principle that can only enter into us if we contribute to each other. But we are going into it all at once. It's not like some people can go and some people can't.

Truly so
Everyone must stand with their hands up and wait until the last person is clean.
It's for our own good to help him come back.
Each person commits a crime against the other, and the person who committed the crime must solve the problem.
The inside of the cage is a clean place, so if it gets dirty, the electricity frequency doesn't match and it bounces off by itself.

2021.11.11./Seo Kyung-rye/We are the prodigal sons, Korean intellectuals are more prodigal than prodigals.

탕자들의 착각

페북에서도 99마리 양들 얘기 드렸더니
다들 일탈한 양이 다른 사람
즉 다른 양이고 우리 자신이 99마리에
속하는 양이라고 알고 계셨습니다.
답을 정확하게 드리면
때가 묻어서 에덴의 동쪽으로
쫓겨난 양들이 바로 우리들 전부.
지구촌이 그 울타리의 밖이라고 보면
아주 정확합니다.

지구촌 모든 사람
일탈하지 않았더라면 여기 오지도
않았습니다. 누가 누구를 비난할 자격은
당초부터 아예 없습니다.

서로를 위해서 기여를 해야 우리 안으로
들어갈 수 있는 원리가 있습니다. 그런데요.
우리 안으로 한꺼번에 가는 것이지 누구는
가고 누구는 못가는 그런 것이 아니랍니다.

진실로 그러하니
다들 마지막 한사람이 깨끗해질 때까지
손 들고 서서 기다려야 합니다.
그가 돌아올 수 있도록 돕는 것이
바로 우리자신을 위한 일이지요.
서로서로 상대한테 죄를 지어서
바로 결자해지라는 말을 하는 것이고
우리 안은 깨끗한 곳이라 탁하면
주파수가 맞지 않아서 저절로 튕겨져 나와요.

2021.11.11./서경례/우리가 바로 탕자,
대한민국 지식인은 탕자들 중에서 더 탕자

청○	주파수를 맞추고 튕겨 나가지 않도록 진리를 배워야 할 듯싶네요.
○○Chung	감사합니다. 우리가 아니 제가 탕자죠.

미래비전 II

Love is between us first

Maybe the quiz was very difficult.
The answers are different.
Quiz 1 is the answer first.
Many people have lied until now
that they love God.

This is as immature as a small beetle in your palm, trembling and squirming while it is clearly looking at your palm.
Whether you are a Facebook friend or Seo Kyung-rye, if anyone says they love God, God shouts out loud.

What? Open your ears and listen carefully.
"I, the omnipotent one, love you, and you, the blind one, must first learn humility and gratitude."
What do I regret that I should be loved?
What is yours is mine~~

And then say another word
I told you to walk by making up for each other's shortcomings.
When did I tell you to love me?
It is you who will love. If you serve people, you are serving Me. Do not use Me as an excuse to neglect people.

If I give you the answer.
Since it is not really possible for us to love God, now I love my Facebook friends.
When we become completely clear from now on, we will become one with God.
It is a process of trying to transform into a state of eternal love.

2021.06.02./Seo Kyung-rye/Love is between us first

사랑은 우리끼리 먼저

아마도 퀴즈가 몹시 어려웠었나 봅니다.
답들이 제각각이네요.
퀴즈 1만 우선
하느님을 사랑한다고 지금까지 많이들
거짓말을 해왔지요. 과거엔 몰라서 그랬습니다.

이는 마치 손바닥에 놓인 작은 딱정벌레가
손바닥을 훤히 보고 있는데 어흥
꼼지락하는 것과 같은 철없는 형국입니다.
페친이든 서경례든 누구든지 하느님을
사랑한다고 말하면 하느님이 냅다 소리칩니다.

무엇이라? 귀를 열고 잘 들을지어다.
"전지전능한 내가 널 사랑하는 것이고,
 장님인 너는 먼저 겸손과 감사를 배우거라"
내가 무엇이 아쉬워 사랑을 받겠느냐?
네 것이 곧 내 것이거늘~~

그러면서 또 한마디
부족한 너희들끼리 서로서로 부족함을
채우면서 행하라고 했지.
나를 사랑하라고 언제 그랬느냐?
너희들이 사랑할 것도 너희들이요.
사람을 섬기면 나를 섬기는 것이니
내 핑계를 대어 사람에게 소홀히 말라.

답을 드리면 우리가 하느님을
사랑한다는 것이 실상은 가능하지 않으므로
지금은 울 페친 분들을 사랑하는 것입니다.
우리가 이다음에 완전히 맑아지면 그때는
하느님과 하나처럼 되오니 영원한 사랑
상태로 변할 수 있도록 노력하는 과정입니다.

2021.06.02./서경례/사랑은 우리끼리 먼저

김○○   선생님 명쾌합니다. 없는 아내 없는 친구 없는 머니 타령 말고
        내 옆에 있는 사람들을 섬겨야겠군요. 감사합니다.

Receiver and giver

He who receives a salary is not
higher than the one who gives it.
Those in power are more likely to give out
national education books or economic
recovery plans.

Therefore, if we give away the policies
of the future era, the countries that
received them will come to worship
from all over the Republic of Korea.

Right now,
Korea is building a lot of shell buildings
and politicians are busy fighting
with each other inside them!

ah! There are no decent intellectuals.
ah! Sad Korea.
A human being without a soul.
It's fish bread without fish!

2021.04.22./Seo Kyung-rye/Where are the true intellectuals?

받는 자와 주는 자

급여를 받는 자는 급여를 주는
자보다 높지 않은 것처럼,
국민교육 책자이든 경제 회생 기획서든
미래시대 정책들을 내어 주는 민족이면

도움받은 나라들이
대한민국 방방곡곡
찾아옴은 당연한데

껍데기 건물은 많이 짓고
그 안에서 정치인들 서로 싸우기 바쁘니
알맹이 지식인이 없네.

아! 슬픈 대한민국.
앙꼬 없는 찐빵이요.
머리 없는 백치미요.
붕어 없는 붕어빵일세!

2021.04.22./서경례/참 지식인은 어디에?

박○○ 생업전선 노가다판에 70%가 불법 외국인 노동자이다. 차는 어떻게 구했는지
아마도 대포차 가능성이 농후하다. 사고라도 나면 그야말로 개죽음이다.
중국인 노동자가 한국에서 5일 일하면 중국에서 한 달 월급을 벌수 있다고 한다.
외국인 노동자 어느 정도는 필요하다. 그러나 이렇게 많이는 아니다.
후대에 다 부메랑으로 돌아올 것이다 우리나라는 국민 대다수가 빚쟁이다.
그야말로 앙꼬 없는 찐빵이다

서경례 박○○ 그렇습니다. 3D 노동자들이 주로 들어오는 것이 현실입니다.
님께서 외국인 노동자 언급해 주시는 바람에 생각나서 얘기를 해야겠습니다.

3D industry(1/7)

When looking at problems in the 3D industry, it is easier and more beneficial to look at them from a broader perspective and macro perspective rather than understanding them with fragmented knowledge.

In the early days when our country changed its name to the Republic of Korea on August 15, 1948 and was barely starting out, the Republic of Korea had no technology. There was a time when we were diligent in creating jobs while we were still at a barbaric level, and there were no high-level intellectuals. In other words, it was a time when Korea needed a 3D industry.
What is the state like now in 2021?
Nowadays, young people do not go to work in the 3D industry even if they want to have fun.
Why? So, are the owners of the 3D industry fully satisfied? They work hard and barely. Why?
Foreign workers in the 3D industry are satisfied as long as they can work here, if they can make money for just three years, and if they can survive by any means possible. They don't live for Korea.
They set goals for money and residence, but that changes once they get a green card.
If the current immigration office does not crack down on foreigners thoroughly, people from all underdeveloped countries around the world will come to Korea like a swarm of bees. Foreign workers will naturally take over without war or gunfire, and the people of the Republic of Korea will have to give up their positions intact.
How can we solve this problem?
The author believes that neither workers in the 3D industry nor citizens of the Republic of Korea are unaware of the value and importance of human beings.
Please think about how we can save humanity, including underdeveloped countries and Korea.

2021.04.22./Seo Kyung-rye/ In the corona war without gunshots

3D업종(1/7)

3D업종의 문제를 볼 때는 단편적인 지식으로 이해하기보다는 시야를 넓게 보고 거시적 안목을 가지고 보면 더욱 이해하기 수월하고, 유익할 것입니다. 우리나라가 1948년 8월 15일 국호를 대한민국으로 바꾸고 겨우 시작하던 초창기에 대한민국은 기술이 없었고, 아직은 미개한 수준을 벗어나지 못한 상태에서 일자리를 부지런히 만들었고, 수준 높은 지식인이 없었던 시절이 있었습니다. 다시 말하면 3D업종이 필요했었던 시절입니다.

2021년 지금은 어떤 상태일까? 지금은 젊은이들이 먹고 놀망정 3D업종에 가서 일하지 않습니다. 왜 그럴까? 그러면 3D업종의 사장님들은 흡족하게 만족하고 있을까요? 힘들게 겨우겨우 연명합니다. 왜 그럴까?

3D업종의 외국인 노동자들은 여기서 일만 할 수 있다면, 그래서 딱 3년간 돈만 벌 수 있다면 "아무나 혼인" 등 무슨 수를 써서라도 돈 벌어 살수만 있으면 만족합니다.

그들이 한국을 위해 살지는 않습니다. 그들은 거주를 목적으로 대한민국 주민등록증을 받기 위해서 목표를 세우는데 일단 영주권만 받으면 달라집니다. 나머지는 필요하지 않습니다.

만일에 현재 출입국관리사무소에서 외국인 관련 철저한 단속을 하지 않으면 전 세계의 모든 저개발국 나라 사람들이 벌떼처럼 한국으로 너 나 없이 들어와서 한국은 감당할 수 없이 초토화될 것을 어렵지 않게 상상할 수 있습니다.

전쟁 없이 총성 없이 자연스럽게 외국인 노동자들이 점령을 할 것이고, 대한민국 국민은 고스란히 그 자리를 내주어야 할 것입니다. 이런 문제를 어떻게 해결할 수 있을까요?

필자는 3D업종 노동자나 대한민국 국민 누구도 사람의 존재가치와 소중함을 모르지 않습니다. 저개발국과 대한민국을 포함하여 인류를 어찌하면 살릴 수 있는지를 생각을 해 보시기 바랍니다.

-계속-

2021.04.22./서경례/ 총성 없는 코로나 전쟁 속에서

3D industry(2/7)

This issue I am addressing now is a very important one, so I will give it more detailed information. The author has handled a lot of work related to corporate establishment, and I especially have a lot of experience receiving requests related to foreign investment. When I go to the person concerned for documents, there are many cases where corporations are established in the name of workers in underdeveloped countries such as China and Pakistan, rather than establishing corporations with capital investment from developed countries. To be able to establish an investment corporation, you must have a capital of KRW 100 million or more. First, report foreign investment in Korea, remit funds from abroad to Korea, and then establish a corporation with an investment registration certificate. Then, register your business and register as a foreign capital investment company. This is because capital must come into a bank account from a foreign country, and a foreigner must be registered as a corporate representative to receive a visa that guarantees stay. 100 million is not a small amount of money in an underdeveloped country, but there are truly sad things that cannot be laughed at here. Many Han Chinese or Korean Chinese come from China and other countries, and although funds may come from their home countries, in many cases, people who came to Korea first provide money for the purpose of their stay. Even though Koreans work with other foreign workers and have children, there is no one to take over the work. So, we paid money to the Pakistani worker we were working with, established a corporation in the name of the worker's representative, and gave all the stocks to him. And the 3D industry that created Korea by learning technology when Korea was growing is trying to preserve it and survive even with a small income by allowing people to stay there. This is the reality of representatives. It is an awkward moment when the owner and guest change. The cases are different, but one thing they have in common is that workers in the 3D industry can return to their countries. (In fact, they are very clever and smart in their home country). However, these days, the bosses are suffering economically and mentally, have no place to return to, and this is their home country of work. They do not know why their lives are becoming more and more difficult, and they are truly dying as they are. They are getting older, but it is already too late to switch to another industry.

2021.04.23./Seo Kyung-rye/ The reality of 3D industry representatives

3D업종(2/7)

지금 드리는 이 문제는 작금에 와서 참으로 중요한 공부거리이므로 밀도 있게 내용을 더 드리겠습니다. 필자는 법인설립 관련 업무를 많이 처리했었는데 특히 외국인 투자 관련해서 의뢰받아 당사자에게 가면, 선진국에서 자본 투자가 들어와서 굵직한 투자자들이 법인을 설립하는 것보다, 중국 파키스탄 베트남 등 저개발국의 노동자들 명의로 법인을 설립하는 경우가 허다합니다.

투자 법인 설립이 가능하려면, 자본금이 1억 이상 있어야 합니다. 일단 우리나라에서 외자 투자신고를 하고, 자금을 외국에서 한국으로 송금한 다음, 투자 등록증 등을 가지고 법인을 설립합니다. 그런 다음 사업자 등록을 하고 외국자본 투자기업등록을 합니다.

외국에서 자본이 통장 등으로 들어와야 하고, 외국인이 법인 대표자로 등록이 되어야 비로소 체류가 보장되는 비자를 받기 때문입니다.

인터넷으로 언제든지 광고를 찾아보시면 여러분도 금방 알 수가 있습니다.

저개발국에서 1억은 적지 않은 돈입니다만 여기엔 웃지 못할 참으로 슬픈 일들이 상존합니다. 중국 등에서 한족이나 조선족들이 많이 들어오는데 본국에서 자금이 있는 경우도 있지만, 한국에 먼저 와 있는 사람이 돈을 대어 그들의 체류 목적으로 하는 경우가 많고, 심지어는 한국인이 다른 외국인 노동자들을 데리고 일을 하다가 자녀가 있음에도 이것을 이어받을 사람이 없어 일하던 파키스탄 노동자의 이름으로 돈을 주고 이름도 그 노동자의 대표 명의로 설립을 해서 모든 주식을 주고 체류하게 하여 이를 보전하면서 적은 수입이라도 연명하고자 하는 것이 한국이 성장하던 시절에 기술을 배워 한국을 일켰던 3D업종 대표들의 현실입니다. 주객이 바뀌는 순간입니다.

경우가 각양각색이지만 하나 공통적인 것은 3D업종 노동자들은 그들 나라로 돌아가면 되지만 (실상 그들은 본국에선 대단히 영악하고 똑똑함) 지금 사장님들은 경제적으로 정신적으로 어렵고 돌아갈 곳이 없이 여기가 그들의 고국 일터인데 이들의 삶이 왜 이렇게 갈수록 힘든 줄을 모르니 그들은 그들대로 정말로 죽을 맛입니다. 나이는 들어갔기에 다른 업종으로 전환하기엔 이미 너무 늦었습니다.

-계속-

2021.04.23./서경례/ 3D업종 대표들의 현실

3D industry(3/7)

When we want to judge or analyze a fact, we need the wisdom to look at both the macro and micro aspects of the world as a whole rather than analyzing it with fragmentary knowledge.

The dignity of people is important to everyone, but each person has different abilities and each region has different soil conditions. Additionally, each nation has a different historical mission, different DNA, and different educational absorption and social adaptability.

There are many different reactions to the author's posts from the same time and place. This is because past education, experience, environment, DNA, etc. are different. Some people can learn difficult content at once, but for others, it is just a waste of time and is of no help. So, I try to give easy content and then difficult content.

In the previous article, the author revealed that order and order definitely exist in this world.

Even now, each person's status is very different. Just as people have abilities and roles that are appropriate for them, work, clothes, and missions that are appropriate for their abilities are good.

We hope that you will enjoy the articles related to the 3D industry with this basic knowledge.

(1) Until the 3D industry was created

After the Korean War ended, there was no technology in South Korea, and in that case, work in the 3D industry, which is not done in other developed countries, is needed first. At the time, work in the 3D industry was a valuable asset and made an important contribution to the growth of Korea. However, the Republic of Korea is currently neither an agricultural society, nor a primary industrial society, nor a secondary industrial society, and although it started development late in the world, it is the most advanced Internet user country. And it is true that artificial intelligence (AI) will continue to dominate our daily lives as the most advanced system in the future.

In other words, although we started economic development last in the world, we have now automated all systems to the highest degree thanks to the excellent skills of baby boomers. It is now making final strides and is establishing itself as the world's top IT powerhouse. Educationally, even though Koreans are not yet at the stage of realizing human respect, they have already fundamentally taken root in their lives a value system to handle all complex social life. Koreans have learned the best in order in the world, so they do not use other people's cell phones carelessly, and now only the last character education is left.
-Continued

2021.04.25./Seo Kyung-rye/The reality that the 3D industry is not suitable

3D업종(3/7)

우리가 어떠한 사실을 판단하거나 분석하고자 하면 어느 단편적인 지식을 가지고 분석하기보다는 지구촌 전체적으로 거시적인 측면과 미시적인 측면을 함께 보는 지혜가 필요합니다.
사람의 존귀함은 너 나 할 것 없이 중요하지만 사람마다 능력이 다르고, 지역마다 토질이 다르고 민족마다 역사적 사명이 다르고, 그 DNA가 다르고 교육적인 흡수력이 다르고, 사회 적응력이 다릅니다.

필자가 드리는 같은 시간 같은 공간의 글을 가지고서 보이는 반응들은 각양각색입니다. 이는 지난 교육과 경험과 환경과 DNA 등이 다르기 때문입니다. 여러분들께서 이러한 상황들을 세심하게 관찰해 보시면 누구는 난이도 있는 내용이라도 한 번에 알 수 있지만 누군가에겐 시간만 낭비될 뿐, 도움이 되지 않습니다. 그래서 쉬운 내용을 드렸다가 어려운 내용을 드렸다가 하면서 나름 노력을 하기도 합니다만 사람은 받아 온 환경이 있고, 자신의 노력 부분이 있으며, 그런 밑바탕엔 근기라는 고유 특질이 사람마다 다른 것임을 말씀드리고자 합니다.

필자는 앞에 드린 글에서 이 세상엔 분명 질서와 순서가 존재한다고 밝혀 놓았습니다.
현재에도 각자 지위가 천차만별 다르지요.
사람은 자기에게 합당한 능력과 역할을 가지고 있듯이 본인이 가진 능력에 합당한 일과 옷과 미션이 좋습니다.
이러한 기본 지식을 가지고 3D업종 관련 드리는 글을 음미해 주시기를 바랍니다.

(1) 3D업종이 만들어지기까지

6.25전쟁이 끝난 후 남한 땅엔 기술이 없었고, 그럴 경우엔 먼저 다른 선진국에서 하지 않는 3D업종의 일이 필요합니다. 당시에 3D업종의 일은 귀중한 자산이었고, 한국을 성장시키는데 중요한 공헌을 했습니다. 그런데 대한민국이 지금은 농경사회도 아니고, 1차 산업 사회도 아니고 2차 산업 사회도 아니고, 세계에서 가장 늦게 개발을 시작했지만 가장 선진적인 인터넷망 사용국이고, 인공지능 AI가 차후에도 가장 첨단 시스템으로 일상을 지배할 것이란 사실입니다.

즉 전 세계에서 가장 늦게 경제개발을 시작했지만 지금 베이비부머들의 탁월한 기량으로 가장 완성도 있게 모든 시스템을 자동화시켰고, 지금 마지막 박차를 가하고 있으며, 세계에서 최고 IT 강국으로 자리매김하고 있습니다.

교육적으로도 한국인들이 지금은 인성이 장착되지 않았다 해도 기본적으로 모든 복잡한 사회생활을 감당하기 위한 가치체계를 이미 생활 속에서 뿌리내리고, 마지막 인성만을 남겨놓은 상태입니다.
-계속-

2021.04.25./서경례/3D업종이 맞지 않는 현실

3D industry(4/7)

(2) 3D industry and young people

The reason young people in Korea never want to go into the 3D industry is because they have studied too much to go there. This is a natural result since young people studied a lot of other things while attending college, but did not study 3D industries such as working with metal.

Young people would rather look for service industries where they can communicate verbally with people. Because they were educated and created that way. So they would rather not go to play, but foreign workers, especially illegal immigrants, take their place. They did not have such jobs in their home countries, so they came here looking for jobs that were profitable per hour. If you ask illegal immigrants, they don't even know that they came here to make money. They will tell you, but the truth is that they are studying skills that do not exist in their country. You can recall memories of studying iron sharpening at a technical institute from the time when Korea first began development until recently.

Korea's economic situation is no longer suitable for the 3D industry. For jobs to be economically viable, supply and demand must match. When it comes to hiring employees, supply and demand must match, and the prices of finished products must match supply and demand, but labor costs in Korea are high, so prices cannot be matched. Now, price competitiveness has already reached its breaking point. Nevertheless, Korea is embracing this. There is an important unique feature unique to Korea.

Now, as was the case in the early days of Korea, the technology must be transferred to countries where such industries are useful. That historical mission remains for CEOs in their 50s and beyond who cannot let go of the 3D industry and embrace it. Transferring technology to the regions and countries that need it most is valid, valuable, rewarding and educational. It is just as valuable as it was when Korea first began development.

Judge for yourself.

Is the 3D industry suitable for a country with the highest level of bathroom cleanliness in the world? Homes are also cleaner than other countries due to the culture of taking off your shoes. In Korea, the level of cleanliness of the subways is excellent, and the roads are constantly using cutting-edge construction methods to prepare for a cutting-edge era such as self-driving cars and electric vehicles.

What industries are suitable for the beautiful Republic of Korea? Technologically lagging regions are, truthfully speaking, lagging behind in every way.

All things in this world have order and order.

If we remember the steps we took and develop those countries and also provide character education at the same time, you can imagine the respect that the people of the Republic of Korea will have in the countries where technology and character education are being transmitted.

2021.04.25./Seo Kyung-rye/ The meaning of the existence of foreign workers

3D업종(4/7)

(2) 3D업종과 젊은이들

대한민국 젊은이들이 결코 3D업종에 가려 하지 않는 이유는 그들이 그곳에 가기엔 너무 많은 공부를 했기 때문입니다. 대학을 나왔고, 이런저런 공부를 많이 했는데, 쇠를 다루는 등 3D업종의 일을 한다면 이는 맞지가 않습니다.

젊은이들은 차라리 서비스 업종을 찾습니다. 특히 사람과 언어소통을 하는 직종을 찾습니다. 이들은 그렇게 교육받았고 만들어졌기 때문입니다. 그래서 가지 않는데, 이 자리를 외국인 노동자들 특히 불법 체류자들이 대신합니다. 그들에게는 그런 일자리도 본국에서는 없어서 돈을 찾아서 일자리 찾아서 온 것입니다.

불법체류자들은 여기에서 노동을 합니다. 물어보면 그들 자신도 모르므로 돈을 벌러 왔다고 말하겠지만 진실은 그들 나라에 없는 기술 공부를 하는 것입니다. 한국이 처음 개발을 시작했던 시절부터 얼마 전까지도 기술원에서 쇠를 깎는 공부를 했던 기억을 상기할 수 있습니다.

이젠 한국의 경제 상황이 3D업종이 적합한 환경이 아닙니다. 일자리도 경제적으로 타당하려면 수요와 공급이 맞아야 합니다. 직원을 충당하는 문제도 수요공급이 맞아야 하고 완성품 가격에 있어서도 수요공급이 맞아야 하는데 한국의 인건비는 비싸서 가격을 맞추지 못합니다. 일을 하는 젊은이 입장에선 급여가 항상 부족합니다. 그리고 소비자들은 항상 비싸다고 말을 합니다. 지금은 가격 경쟁력도 이미 한계점에 와 있습니다.

그럼에도 불구하고 한국이 이것을 끌어안고 있습니다. 여기엔 중요한 대한민국만의 특이점이 있습니다.
이젠 한국 초기의 상황처럼 그러한 업종이 요긴한 나라로 그 기술을 이전해야 하는 역사적 임무가 3D업종을 놓지 못하고 끌어안고 사는 50대 이후 사장님들한테는 남아있는 것입니다. 가장 필요한 지역과 국가에 기술을 이전하는 일은 타당하고 가치 있으며 보람 있고 교육적인 일입니다. 한국이 처음에 요긴했던 것처럼 그만큼 귀한 것입니다.

여러분들 스스로 판단하십시오. 화장실 청결수준 세계 1위의 나라에서 3D업종이 어울리는지를 가정집도 신발을 벗는 문화 때문에 다른 나라보다 깨끗합니다.
지하철 청결수준도 탁월하고, 도로도 끊임없이 첨단의 공법으로 도로 자율주행차 전기차 등 첨단 시대를 준비하고 있는데 어떠한 업종이 금수강산 대한민국에 합당한지를~~~~~

기술이 뒤쳐진 지역은 진실로 말하면 모든 면에서 뒤쳐져 있습니다. 이 세상의 모든 일들은 순서가 있고 질서가 있습니다.
우리가 걸어왔던 순서를 잘 상기하면서 그들 나라도 개발시키고 더불어서 인성교육도 함께 병행한다면 기술과 인성교육을 전수받는 나라들에서 대한민국 사람들을 바라보는 존경의 눈빛을 여러분들은 상상할 수 있을 것입니다.
-계속-

2021.04.25./서경례/ 외국인 노동자들의 존재 의미

3D industry(5/7)

(3) 3D industry also exists in Seoul

In the last 4 episodes, I told you that there is a special reason why Korea is embracing the 3D industry. I told you that this is related to the historical mission of transferring that technology.

On Monday, the reality at the site of various 3D industries such as metal, mold making, and milling in Mullae-dong was miserable, unlike the owners who occupy the land. Korea has grown at a rapid pace, and the number of members of the National Assembly is 300. Even after all expenses are subsidized, the salary paid to them is 154.26 million won per year. (Monthly average of 12.85 million won) Let's compare this with workers in the reality where pension after age 65 is paid at 1.6 million won per month without a single penny deduction. Sponsorship fees are paid separately by members of the National Assembly.

Representatives and workers of the 3D industry in Mullae-dong and Seongsu-dong live very different lives even though they are under the same sky. Is it rewarding compared to the harsh life? Now, when they transfer their technology to an area that needs it and experience the success of that area, the engineers who have worked so hard until now finally feel rewarded.

Because I feel a heavy sense of responsibility, I cannot say that the 3D industry must exist in Korea.
This is because they and all environments around the world are organically intertwined, so thinking about just one thing will cause other side effects. South Korea has consumed a tremendous amount of human energy in a very short period of time. If you overlook this, you will not see any wisdom for the future. Because we were born here, we had access to a superior intellectual environment than those who were not born here, and this is the fruit of the blood and sweat of human society.

Many countries around the world that saved us from the ruins at the end of the Korean War are now lost and in a state of starvation or material slavery.

Now is the time for humanity's best intellectuals to step forward in the 3D industry, and the country that will lead them is the Republic of Korea, which owes its debt to human society. Of course, it is inevitable that a huge amount of money will be required to pursue such a project.

Such funds will now be provided by the UNHCR and those with economic power around the world. The world's rich people are now thirstily waiting for policies worthy of humanity. Their funds were prepared for this era.

Large corporations must take the lead and complete the process of creating huge 3D industrial complexes in refugee and starving areas, as well as creating residential areas around them. Korea's large corporations are simply applying the experience they have had from building new cities or new industrial complexes in Korea.

If we provide minimum living expenses from the initial stage of technical training to those who are capable of productive work among refugees who are living in poverty, refugees and hunger will disappear from that moment. What we also need to keep in mind is that all goods produced in their region must be consumed nearby in their region.

Therefore, this huge project will not be successful if the dynamics with the surrounding environment are not considered from the selection of the area. This is precisely why intellectuals in Korea are needed, and it is for this reason that the global community It will be the beginning of balanced development.

2021.04.26./Seo Kyung-rye/ Organically intertwined global village

3D업종(5/7)

(3) 서울에도 3D업종이

지난 4편에서 한국이 3D업종을 끌어안고 있는 특별한 이유가 있음을 말씀드렸고 그 기술을 이전해야 한다고 말씀드렸습니다.

월요일 문래동의 금속, 금형 제작, 밀링 등 여러 3D업에 종사하는 현장의 실상은 그 땅을 차지하고 있는 주인들과 달리 참담했고, 한국이 초고속으로 성장하여, 국회의원들의 숫자가 300명이고, 이들이 모든 비용을 보조받고도 지급되는 급여가 연봉으로 1억 5280만 원이고, 65세 이후 연금이 월 160만 원으로 한 푼도 공제 없이 지급되는 현실에서

문래동과 성수동 등의 3D업종 대표들과 노동자들은 같은 하늘 아래에서 달라도 너무 다른 삶을 살고 있습니다. 그들은 필요한 지역에 기술을 이전하고 그 지역의 성공을 경험할 때 비로소 지금까지 고단했던 기술자들은 보람을 느낀다는 것을 알기에 필자는 무거운 책임감을 느끼면서도 섣불리 3D업종이 한국에 있어야 한다는 생각을 할 수 없습니다.

그들과 지구촌 모든 환경은 유기적으로 얽혀 있어서 어느 하나만을 생각하다간 또 다른 부작용을 유발하기 때문입니다.

대한민국은 아주 짧은 시기에 엄청난 인류의 에너지를 먹었습니다. 이점을 간과하면 대안이 보이지 않습니다.
우리가 여기에서 태어난 것은 그렇지 않은 사람들보다 탁월한 지적 환경을 접할 수 있었는데 이는 인류사회의 피와 땀의 결실입니다.

6.25전쟁이 끝난 폐허 더미에서 우리를 살려낸 세계의 모든 나라는 지금 길을 잃고 헤매면서 기아 또는 물질의 노예가 된 상태입니다. 이제는 인류의 마지막 주인공이 3D업종을 가지고 나서야 할 때이고, 이들을 이끌어 줄 민족이 바로 대한민국입니다.

물론 이러한 프로젝트를 추진하려면 막대한 자금이 소요되는 것이 필연적으로 예상됩니다. 그러한 자금은 지금 유엔난민기구부터 전 세계 경제력 있는 자들이 도울 것입니다.

세계의 부자들은 지금 인류의 가치 있는 대안을 목마르게 기다리고 있습니다. 그들의 자금은 지금시대를 위해서 준비되었던 것입니다. 난민과 기아지역의 거대한 3D 업종 공단을 조성하는 과정에서부터 그 주변의 주거지를 조성하는 일까지 마무리하는 것은 지금까지 한국에서 신도시를 건설하거나 신공단을 건설했던 경험을 그대로 적용하는 것입니다.

난민과 기아 상태에 있는 사람들 중 생산활동 가능인구에게 처음 기술을 교육하는 단계부터 최소 생계비를 지원하게 되면 바로 그 순간부터 기아는 없어지는 것이지요. 또한 명심해야 할 것은 그들 지역에서 생산된 물품은 모두 그들 지역의 인근에서 소비되는 구조를 가져야만 합니다.

그러므로 지역 선정에서부터 주변 환경과의 역학관계를 고려하지 않으면 이 거대한 프로젝트는 성공하지 못합니다. 바로 그런 이유로 대한민국의 지식인들이 필요한 것이고, 이는 지구촌 균형 발전의 시초가 될 것입니다.
-계속-

2021.04.26./서경례/ 유기적으로 얽혀 있는 지구촌

3D industry (6/7)

(4) 30% above Korea's current ranking

How could such a thing be possible? Think about it. Korea has the experience of creating economic wealth by building residential and industrial complexes in Bundang, Osan, Ilsan, and Pyeongtaek every time the government changes. Thanks to this, the quality of life has been enriched, and various environments, including cities and toilets, have been transformed into clean, cutting-edge facilities. In Afghanistan, Palestine, Gaza, and North Korea, hunger and refugees are widespread.

Places where this is rampant are backward in education. These are places where people want to work but there are no jobs. It is wrong to teach them cutting-edge methods, and since there is an order, they must make progress one by one, and the current 3D industry is very useful in completing its role and providing stable results to everyone. The idea is to apply Korea's development process wisely. If we expand our horizons one step further with this, if we create new cities like the United States and mini new cities like the Republic of Korea, we will definitely respond accordingly. Other underdeveloped areas are bound to emerge. You must understand this part well. As a result of the reconstruction of the Republic of Korea from the ruins, when the world is viewed as 100, the Republic of Korea is ranked 30th. If we want to solve the problems of underdeveloped countries and also solve the economic problems of developed countries that are no longer able to move forward, we must step forward.

The most underdeveloped areas are areas with starvation and refugees, and North Korea is also starving due to lack of food. But when we touch this region, we must not overlook the debt we owe to the United States. The United States is a country that has invested a lot of energy in Korea, so it hopes to do something. This is a very natural phenomenon. The United States is currently facing economic, diplomatic, educational, and social difficulties in conjunction with the international situation. So the US wants to receive energy from China, but China cannot give it to them. China also wants to receive it from Korea, but since it does not have it, China is in a difficult situation.

2021.04.28./Seo Kyung-rye/ Korea's dynamics

3D업종(6/7)

(4) 한국의 현재 순위 위에서 30%

어떻게 그런 일이 가능할 수 있을까? 한국은 정권이 바뀔 때마다 분당, 오산 일산, 평택 등등의 주거지 및 산업단지를 건설하며 경제적 부를 창출했던 경험들이 있습니다. 그 덕분에 삶의 질은 풍요로웠고, 도시와 화장실 등 여러 환경이 깨끗한 첨단으로 변모되었습니다. 특히나 지난번 귀농에서도 설명을 드린 바와 같이 농촌의 많은 에너지가 그동안 도시로 도시로 집적된 결과 이젠 농촌이 너무 낙후되어 있었던 것들을 이미 우리들은 공부한 바 있습니다.

이것을 가지고 시야를 한 단계 더 확장하면 그동안 미국 같은 신도시 그리고 대한민국 같은 미니 신도시를 창출하면 반드시 그에 상응하여 다른 낙후된 지역이 생기게 마련입니다. 세계를 100으로 볼 때에 위 30등의 자리(개발도상국의 맨 꼭대기)에 대한민국이 떡하니 자리를 잡고 있습니다.

아래 후진국의 문제를 풀고 더불어서 더 이상 앞으로 전진하지 못하는 선진국들의 경제문제를 풀고자 하면 우리가 나서야 합니다. 가장 낙후한 지역은 뭐니 뭐니 해도 기아지역, 난민발생지역, 에디오피아 등 아프리카이고 북한 지역도 식량이 없어 굶어야 하는 상태에 있습니다. 아프가니스탄도 북한도 즉 기아와 난민이 광범위하게 만연한 곳들은 교육부터 후진적이라는 것입니다. 일을 하고 싶어도 일자리가 없는 곳들입니다. 이들에게 첨단 공법을 가르치는 것은 어불성설입니다. 순서가 있으니 차례차례 발전을 이룩해야만 배우는 사람들과 지금의 3D 업종이 아주 요긴하게 제 역할을 마무리하고 모두에게 안정적인 결과를 제공합니다. 대한민국의 발전과정을 지혜롭게 적용하라는 것이지요.

그런데 우리는 이 지역을 만질 때 미국에 진 빚을 간과해서는 안됩니다. 미국은 그동안 한국에 많은 에너지를 쏟았던 나라이기에 무언가를 기대하고 있는 것은 매우 당연한 현상입니다. 그 미국이 지금 코로나 상황과 맞물려 경제적 교육적 사회적 어려움에 봉착해 있습니다. 그래서 미국은 중국으로부터 에너지를 받으려고 하지만 정작 중국도 한국으로부터 받아야 하는 인연의 고리가 있어 중국은 중국대로 난감한 것입니다.

-계속-

2021.04.28./서경례/ 한국의 역학관계

3D industry(7/7)

(5) Technology transfer to the global village comes first

In a situation where people are dying because they have nothing to eat, there is nothing else to say and that must be resolved first. The Tijuana area is located just below the San Diego border in the United States. The refugee area in Mexico, bordering the United States, will benefit greatly from the 3D industry, which is too unsuitable for us to have any more.

Transferring technology to them is timely because it entrusts the right tasks to the right people, and it also improves the economic situation around them. In doing so, Korea will not only pass on technology to these people, but also pass on the character education they need to know as people, so that people can become human in addition to technology. As such, we must teach them how to respect each other.

Only then can they learn and raise their quality of life to the next level.

Korean intellectuals are very interested in advanced technology, but they are foolishly not interested in how to utilize the 3D industry, which is no longer welcome and useless in Korea.

Now is the era of recycling.
If we look at technology again from that perspective, How good would it be for both givers and receivers if we could pass on the progress and order we experienced initially to other underprivileged communities around the world?

In addition, character education is also provided, teaching valuable character foundations that enable people to respect each other as human beings. In the process of transferring technology, Korean representatives create new technologies and gain wisdom.

When we combine education with people, they will be able to build their own lives while breaking away from the material bondage that we have experienced.

In the process of passing on all of these things to them, the United States is a strong supporter, and as we move forward together, we can return all the historical progress we owe to them with economic power and pride. Our Facebook friends can imagine that many countries around the world looking at this have no choice but to wait in line for the proud Republic of Korea.

2021.05.22./Seo Kyung-rye/ Glorifying the global village

3D업종(7/7)

(5) 지구촌에 기술이전이 먼저

사람이 먹을 것이 없어서 죽어가는 상황 아래서는 달리 더 할 말이 없고 우선은 그것부터 해결해야 합니다.

이들 지역은 우리가 더 이상 가지고 있기엔 너무 어울리지 않는 3D업종이 아주 요긴하게 쓰일 것입니다.
이들에게 기술을 이전하는 것은 바로 적당한 사람에게 타당한 일들을 맡기는 것이기에 시기적절하고 또 그들 주변의 경제 상황을 호전시킵니다.

그렇게 할 때 한국은 이들에게 기술만 전수할 것이 아니고 사람으로서 알아야 할 인성교육도 함께 전수함으로서 사람이 기술과 더불어 사람답게 서로 존중하는 법을 배워서 비로소 삶의 질을 한 단계 끌어올릴 수 있는 것입니다.

한국의 지식인들은 우리보다 선진적인 기술엔 많은 관심을 가지고 있으면서도 지금 한국에서는 더 이상 환영받지 못하고 쓸모없어진 3D업종을 어떻게 잘 활용할 것인지에 대해서는 관심이 없습니다.

지금은 재활용의 시대입니다.
기술도 그런 차원에서 다시 한번 돌아보면 우리가 처음에 경험했던 발전과 순서를 다른 열악한 지구촌에 순서대로 전수하면서 시대에 맞도록 인성교육도 함께 병행하면서 사람이 사람으로 서로를 존중할 수 있는 가치 있는 인성 기초를 가르치는 것입니다.

기술을 이전하는 과정에서 한국의 대표들은 또 다른 기술의 창출과 지혜가 나오는 것이 자연의 이치이고, 사람교육을 병행할 때 그들은 우리가 겪었던 물질에의 예속을 벗어나면서도 삶의 터전을 스스로 일구어 낼 수 있습니다.

그들에게 이 모든 것들을 전수하는 과정에서 미국은 든든한 지원자로서, 함께 나아갈 때 그동안 우리가 빚진 모든 역사적인 과정을 경제력과 자긍심으로 되돌려 줄 수 있습니다.

이것을 바라보는 세계의 많은 나라들이 자랑스러운 대한민국에 줄을 서서 기다리지 않을 수 없다는 것을 우리 독자분들께서는 상상할 수 있을까요?

2021.05.22./서경례/ 지구촌을 영광스럽게

평등이란?

여러분들 눈엔 이 세상이
평등하지 않게 보일 것을
알기에 올립니다.

평등이란?
누구에게나 똑같이 한 달에
딱딱 5백만 원씩 주는 것이
아니고,

일하지 않고 게으르면
피눈물을 삼키면서도
굶게 만들어서 사람답게
만드는 것이 평등이고

저마다 소질대로
생각하는 대로 결과가
주어져야 하는 것입니다.

돈이 무언지를 알아야 하고,
지식이 무언지를 알고,
세상을 다시 바라보면

이 세상은 우리 각자에게
가장 좋은 환경을 주었고
살아갈 수 있도록 완벽히
갖추어져 있습니다.

우리가 주어진 인연들을
눈치채지 못하고 남의
조건들만 보고 있으니
세상은 불공평하게 느껴질
것이지만 공정 평등합니다.

2021.06.04./서경례/평등의 개념도 다시 정립

김○○	물고기를 잡아서 나누어 주는 것보다 잡는 방법을 가르쳐 주듯이 서 경례님이 많은 지식을 알려주셔서 감사합니다. 많이 인도해 주세요.
서경례 김○○	제가 알고 있는 엄청난 지식은 사회를 위해서 쓰여져야 하기에 여기에 놓고 있습니다. 깊이 음미하시면 하시는 일과 관계가 유연하게 풀릴 테니 챙겨주십시오. 서로 보지 않고도 에너지를 나눌 수 있으니 조선시대 사람들이 이걸 보면 기절할 듯합니다. ㅎㅎ
김○○	90년도 초쯤인가 이화여대 총장님께 어느 언론방송에서 말씀하시는 걸 들은 적이 있어요. 총장님께서 잔디 마당에 앉아깔깔대고 있는 제자들에게 다가가서 너희들은 미래에 무엇이 되고 싶은 냐 하고 물었는데. 저는 판검사 아내가 되어 행복하게 살고 싶습니다. 옆에 제자는 의사와 결혼하고 싶어요. 또 한 제자는 부잣집으로 시집가서 많은 것을 누리고 싶다 하더랍니다. 그래서 총장님께서 제자들에게 내가 너희들을 그리 가르쳤느냐, 여기서 많은 지식을 배운 것을 나보다 배움이 덜한 남자를 만나 지식을 가르쳐주고 배움을 알게 하라는 말씀입니다. 제가 그때 총장님께 감동을 받았는데 서 경례님이 그런 분 같습니다. 그리고 보니 바보 온달과 평강공주가 떠올리네요. 쉼 하는 주말 되세요.~~^

짹짹거리는 새소리
아침을 여는 소리
예쁘고 희망찬 소리
들리나요?

형○○	선생님 좋은 아침 행복한 아침입니다. ~~ Good morning sir. Happy morning. ~~ 방긋 웃는 하루 보내세요. ~ Have a nice smiling day. ~
서경례 형○○	방긋방긋 Smiling
손○○	숲속의 맑고 청아한 새소리가 메아리가 되어 도심을 가르고 The clear and pure sound of birds in the forest echoes through 제 귓가에 들려옵니다. the city center and comes to my ears.
청○	아침에 새소리는 희망을 줍니다. The sound of birds chirping in the morning gives hope. 집 앞 감나무가 작년 태풍에 쓰러진 후 After the persimmon tree in front of the house fell down in last year's typhoon 아름다운 새소리를 들을 수 없어서 아쉬워요. It's a pity that I can't hear the beautiful birdsong.

chirping birdsong
morning sound
pretty and hopeful
Can you hear?

Life goal

[Everything is not interesting because the purpose of life is not clear. No jealousy, no envy, no anger, no surprise.]

Yes.
That's what happens when you don't have a purpose in life. A ship is drifting in the open sea. It is said that the soul has no life. If you don't have goals for people and for society, you don't generate lively energy.

We must clearly understand why people live, What should I do for society? After thinking about it, it is necessary to look at society again. To study society, it is necessary to know the area in which you live first, and to know the people in that area first.

Or, if you only get to know the people who come to you, it is a harvest. Sharing the principles of nature that I offer in conversations so that they can know each other is also a useful human study. It will be helpful to them.

2021.07.02./Seu Kyung-rye/When there is no ideology for people

삶의 목표

[삶의 목표가 뚜렷하지 않으니
매사가 흥미롭지 않습니다.
질투도, 시기심도, 화냄과 분노도
없으며, 놀람도 없습니다.]

맞습니다.
삶의 목표가 없으면 그렇게 됩니다.
망망대해, 배가 표류하는 것입니다.
영혼에 생기가 없다는 얘기입니다.
사람을 위하고, 사회를 향한 목표가
없는데 생기발랄한 에너지가 생성
되지는 않습니다.

사람이 사는 이유를 분명히 알고,
나는 사회를 위해 무엇을 해야 하는가?
고민한 다음, 사회를 다시 보는 단계가
필요한 것입니다. 사회는 내가 사는
지역을 먼저 알고 그 지역의 사람을 먼저
아는 것이 필요합니다.

아니면 내게 오는 인연들만 알아가도
수확입니다. 그들도 하나씩 알도록
대화 속에서 자연의 이치를 나누는 것도
유익한 사람공부입니다. 그네들에게
도움이 되겠지요.

2021.07.02./서경례/사람에 대한 이념이 없을 때

임○○ 다른 분의 짧은 댓글만 보고 와우 ~
/ Just looking at other people's short comments, wow~
놀랍습니다. / It's amazing.

김재린
서경례 김재린

I don't seem to know.
Look at social phenomena macroscopically.
You can tell by looking at the wide field of view.
If you carefully examine each case of the content presented, you will suddenly find out.
The most important thing is that we need to know our inner contradictions to see them the fastest.

홍○○

Let's change from us.

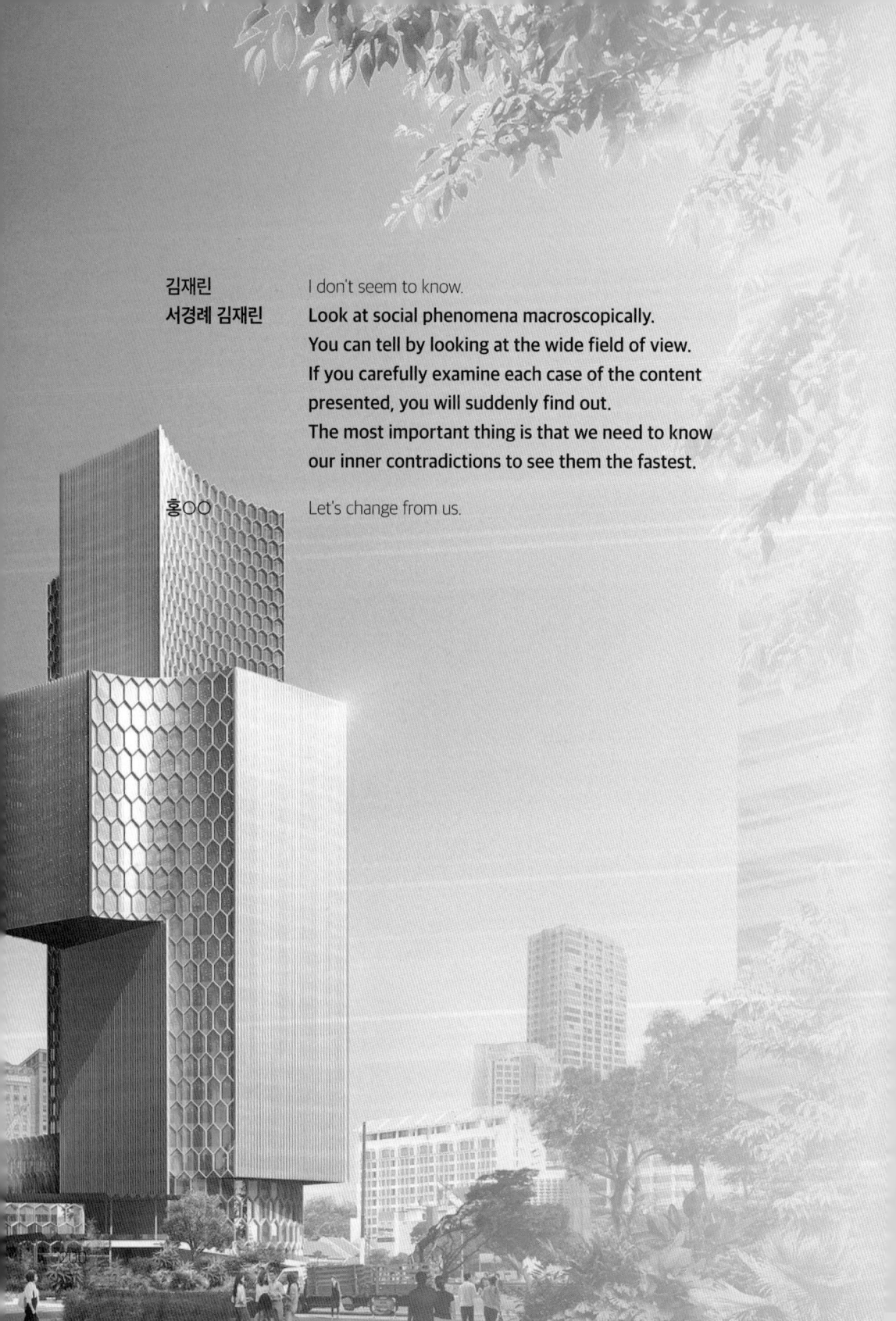

Revolution

I am shouting that a great
transformation awaits.

How big of a revolution?
The changes caused by
Corona are just the beginning.

All common sense you've
ever known is broken.

The era is coming when
politicians, religions, and
business people can no longer
talk about their past knowledge.

This is the age of suffering, an
intellectual who cannot advance
unless we discover our ignorance.

The Republic of Korea becomes
a research institute with the
highest priority in all respects.
It goes both in the good way
and in the opposite direction.
Then, the national ordeal
will come first as well.

The dormant Republic
of Korea on the margins
is a model country for
mankind, a country to
be experimented with,
and a starting point for
transformation.
I am announcing it.

2021.07.07./ Seu Kyung-rye
/Starting with us

대변혁

엄청난 변혁이 기다리고
있음을 외치고 있습니다.

얼마나 큰 대변혁일까요?
코로나로 인한 변화가 그
시작에 불과한 것입니다.

지금까지 알고 있었던
모든 상식이 무너질 수밖에
없는 변화인 것입니다.

정치 종교 경제인들이
그들의 과거 지식을 가지고는
더 이상은 얘기할 수 없는
시대가 도래하고 있습니다.

우리의 무지를 발견하지
않는 한, 나아가지 못하는
지식인 수난시대입니다.

대한민국은 모든 면에서
최우선적으로 연구소가
됩니다. 좋은 쪽으로나
그 반대쪽 방향이거나,
국가적 국민적 시련도
마찬가지로 먼저 오는데

변방의 잠자던 대한민국은
인류의 모델 국가이고
실험의 대상 국가이고
변혁의 시작점입니다.
그것을 알리고 있습니다.

2021.07.07./서경례/우리부터 시작합니다.

김○○	알듯, 모를 듯~~ㅎㅎ
서경례 김○○	사회현상을 거시적으로 보십시오. 시야를 크게 놓고 봐야 분별이 가능합니다. 드리는 내용의 각 사례들을 잘 음미하시면 문득 알게 됩니다. 제일 중요한 것은, 우리 내적인 모순을 알아야 최고 빠르게 보여요.
홍○○	우리부터 변합시다.

Change of thinking

Cancer patients finally
give up everything
and go to the countryside.
Only then do stubborn people
begin to listen to others.

Reverse every thought and
pattern of life you've ever had.
He only changes at the end.

Now he listens gently, eats what he eats,
and pays when he asks for money.
The patient now
says he likes the other,
he nods and turns all the energy,
and then he comes back to life.
A shift in thinking is so important.

to tell the truth
The given natural environment is the best.
Nature and people are jewels. friends!
Live like our jewel.

2021.07.07./Seo Kyung-rye/People like jewels

생각의 전환

암 환자들이 마지막으로
모든 것을 포기하고 시골에 갑니다.
암덩어리 고집덩어리가
그제야 다른 사람들 말을
순하게 듣기 시작합니다.

지금까지 했었던 모든 생각과
삶의 패턴을 역으로 돌립니다.
마지막에 가서야 변하는 거죠.

순하게 듣고
먹으라면 먹고
돈 내라고 하면 내고
좋다고 하면 끄덕하고
모든 기운을 돌리고 나니
그제서야 다시 살아납니다.
생각의 전환이 그만큼 중요합니다.

진실로 말하면
주어진 자연환경은 금수강산.
자연과 사람들이 보석입니다.
친구님들 보석처럼 살아봐요.

2021.07.07./서경례/보석같은 사람들

임○○	항상 힘과 긍정의 에너지가 충만합니다. 감사드려요. / Always full of strength and positive energy. thank you
서경례 임○○	**왕 긍정파 입니다.** ㅎㅎ / I am very positive.
임○○ 서경례	완전 내 스타일 굿밤 되셔요. / My style. Have a good night.
유○○	옳습니다. ㅎ 우리들의 일그러진 자화상인 듯 / That's right. It seems to be our distorted self-portrait. 생각하면 아는 것을 실천이 어려운 듯 / We know it when we think about it, but it is difficult to put it into practice. 버리면 새살이 나오는 것을 오늘도 감사.ㅎ / I do not know that new flesh will come out if I throw it away. Thank you today.
서경례 유○○	자신을 안다는 것이, 실로 어렵긴 하지만. / Knowing ourselves is difficult indeed. 그것도 노력해야 하는 시대가 도래했습니다. ♡ / The time has come when we need to know that too.

A time of beautiful reversal

A friend gave me to listen to the music
of Romeo and Juliet. It is the people
who make this beautiful music.

We do not yet know
that the special being
of human beings were created
to live for others, but we will know
that someday in the future.

This is because the complete light
of the past and present comes out
only when we correctly understand
and interpret the sentences produced
in the past one by one.

Aren't the faces of poets, performers,
Facebook friends, and anyone who
can live for others so beautiful?

The past has grown well
with greed for ourselves.
They did it very well because
that was the time it was needed.
The future requires a counter-thinking.

2021.07.08./Seo Kyung-rye/The Age of Beautiful Reverse Ideas

아름다운 역발상의 시대

친구분이 로미오와 줄리엣 음악을 들어보라고 주셨습니다. 이토록 아름다운 음악을 제작하는 것도 사람입니다.

사람이라는 특별한 존재는 타인을 위해서 살아가도록 운명이 만들어졌다는 것을 아직은 모르고 있습니다만 결국엔 알게 될 것입니다. 필자도 과거엔 몰랐거든요.

하나하나 지난 시절에 생산된 문장들을 바르게 알아서 바르게 해석해 나가야 비로소 과거와 현재가 빛이 납니다.

음악가이든 시인이든 연주자이든 우리 페북 친구분들이든 누구든지 타인을 위해 살 수 있는 사람들의 얼굴은 너무 아름답지 않습니까?

과거는 우리 자신을 위해서 욕심으로 잘 살아왔습니다. 필요했기에 너무 잘 했습니다. 미래는 역발상이 필요합니다.

2021.07.08./서경례/아름다운 역발상의 시대

부산시장에게 드리는 글(1/6)

필자가 지난주 부산을 다녀온 후 부산에 대한 시야가 갈수록 다르게 느껴집니다. 용인에서도 그리 멀지 않은 4시간 거리에 있으니 얼마나 한국 땅이 작은지를 새삼 깨닫게 됩니다.

부산의 지인은 부산시장의 팬카페 가입을 추천했지만 필자는 부산시장의 팬이 아니라서 거절했습니다. 그러나 부산시장을 위해서 하나 써줄 수 있느냐는 부탁은 흔쾌히 승낙을 했습니다. 그분을 도울 수만 있다면 도와야 되는 것이 지식인의 본분이기 때문입니다.

우선 부산시장이 누구일까?
현재 부산시장은 박형준 시장이라고 합니다. 지식인입니다. 그는 부산시장으로서 어떠한 각오로 임하고 있으며 도대체 부산을 위해서 대안은 가지고 있는가? 지식인이 현실적인 문제를 해결하지 못한다면 그의 지식은 아무 쓸모 없는 죽은 지식이고, 무능력한 지식인이라는 꼬리표가 미래엔 붙어 다닐 것입니다. 상상해 보면 서글픈 일입니다.

부산시는 인구가 335만 명이 조금 넘습니다. 서울시 인구의 3분의 1 정도로 보입니다. 2016년엔 350만명이 넘었던 인구가 갈수록 줄어듭니다.
왜 그럴까?

부산시장은 335만 명인 부산시민의 각 에너지를 십시일반 모아야 한 명인 부산시장한테 특권이 주어집니다. 그러니까 부산시장의 특권이 사용되려면 부산시민 모두의 양보와 고혈이 저축되어야 부산시장이 일할 수 있는 특별한 권한이 주어지는 것입니다.

우선 부산시장이 할 일은 무엇인가?
부산시장은 부산시민이 할 수 있는 일을 하려고 부산시장이 된 것이 아닙니다. 만일에 다른 누군가가 할 수 있는 일이라면 그에게 맡기는 것이 나을 것입니다. 따라서 부산시장은 다른 부산시민이 결코 할 수 없는 일을 해야만 비로소 시장으로서 존경받을 수 있습니다. 목숨을 걸어야 되겠지요.

퇴임 후에 내가 안정된 노후 생활을 어떻게 할 수 있을까? 를 고민한다거나 그것을 만들어 놓으려고 남은 재산을 계산한다면 당신의 머리에선 결코 지혜가 나올 수가 없습니다.
왜냐하면 부산시장은 부산시민과 재물과 권력 중에서 하나만을 선택해야 합니다. 오로지 부산을 살리고, 부산시민의 영광을 일구어 내고자 한다면 부산시장으로서 사는 순간이 마지막이라고 생각하고 살아야 모든 에너지를 부산시민을 위해서 바칠 수가 있습니다.

부산시장에게 드리는 글(2/6)

부산은 태평양 바다를 끼고 있습니다. 일본하고도 가깝습니다. 일본은 한국이 성장하기까지 서구의 문물을 전달하는 전달자의 역할을 했습니다.
이젠 그들의 역할이 끝났음을 부산시장은 알아야 합니다.

일본이 잃어버린 10년을 지나 지금은 잃어버린 40년을 향해서 달려가는 이유는 일본도 미래의 패러다임을 찾지 못하고 있기 때문입니다. 일본이 고맙게 전달자 역할을 다했으므로 한국은 새로운 것을 제시하고 그들은 도움을 받으려 일본이 한국으로 와야 하는 시점입니다.

알아야 하는 것은 이제는 과거의 일본의 에너지가 구식이라는 사실도 알아야 합니다.
일본을 무시하는 것이 아니고, 냉철하게 분석해야 헛다리를 짚지 않고 그들과 더불어 미래를 열어갈 수 있기 때문입니다.

너무 일본에 미련을 가지면 미래가 보이지 않습니다. 일본은 고마운 존재이고 함께 가야 하지만 스스로 다가오지 않는 한 미련을 가지고 우리가 다가가서는 일이 만들어지지 않습니다. 평상시처럼 교역을 하되 새로운 것은 일본에서는 생산되지 않을 것임을 미리 말씀드리고 있습니다.

부산은 바다를 끼고 있으므로 모든 문물이 들어오는 곳입니다. 이는 대단히 중요한 의미를 지니고 있습니다. 세계의 모든 에너지가 그곳을 통해서 들어오니 한국으로서는 시작을 의미하는 것입니다. 시작을 해야 다음도 있고 중간도 있고 마지막도 있는 것이니 지금 정체된 한국에 불을 지필 수 있는 것도 역시 부산이라는 결론이 도출됩니다.

부산에 가 보았더니 부산과 울산 경남을 합치는 것만이 부산을 살릴 수 있다고 생각을 하는 것으로 보입니다.

부산을 울산과 경남으로 확장하는 것은 행정구역 재편에 해당하는 것이니 시간이 지남에 따라서 필요성이 생기면 당연히 확장되는 것입니다. 그것들은 실무자들이 하나하나 진행하면 되는 것이니 그것을 가지고 기여를 했다고 누가 인정하지는 않습니다. 그것은 부산시장의 일이 아니라는 것입니다.

그렇다면 무엇을 해야 하는가!

부산의 지리적인 특성상 탄자니아 에티오피아 잠비아 등 많은 아프리카의 대사들이나 장사꾼들이 그들의 커피를 팔기 위해서 부산시장을 찾아옵니다. 지식인이신 부산시장께서는 그들이 온다면 그들을 어떻게 대우할 것이며 그들에게 무엇을 줄 수 있으리라고 보시는지요?

미래비전 Ⅱ

부산시장에게 드리는 글(3/6)

도대체 가난하고 검은 대륙의 사람들은 왜 한국에 오는 것일까? 흑인들의 커피를 들고 팔아달라고 왔을 때 우리는 무엇을 생각해야 하는가?

부산시장께서는 그들이 보석처럼 보이던가요? 시커먼 사람들이 반짝반짝 보석처럼 빛나게 보이는지를 필자는 묻고 싶습니다. 그들은 부산시장을 빛내 줄 수 있는 힌트를 지닌 자들입니다. 물론 그들 자신도 그들이 왜 부산을 찾는지 모를 것입니다. 가난하니 먹고살려고 찾아오는 것입니다. 그러나 그것을 단순하게 그리만 보아서는 탁월한 일을 기획할 수 없습니다.

빛을 받으러 오는 것입니다. 검은 대륙이 받아야 하는 은총이 있습니다. 채권국가로서 대표자로서 오는 것이고 한국은 채무국입니다. 갑자기 뜬금없이 빛은 무슨 빛을 졌다고 말하는가? 하고 싶겠지만 우리는 우리의 역사를 돌이켜 보아야 합니다.

지금부터 멀지 않은 시절 6.25전쟁 때에 우리한테 많은 나라가 아까운 젊은이를 보내주었고, 물자를 보내주었고, 무기를 보내주었고, 의료품을 보내주었으며 원조를 해 주었다는 사실을 아시겠지요. 지금의 우크라이나 전쟁보다도 한국의 상황이 더욱 절박하게 가난했었다는 사실을 아시는지요? 세상에 공짜는 없는 법인데 우리는 빛을 갚은 적이 없다는 사실을 아시는지요?

그 척박했던 시절, 인류의 가장 밑바닥에 있던 꼴찌이고 냄새나고 더러운 나라의 6.25전쟁 때에 파병한 국가 중에서 에티오피아가 있었습니다. 파병은 국민의 목숨을 주는 것입니다.

당시 에티오피아는 하일레 셀라시에 1세 황제가 특별히 자신의 친위대를 내줘서 파병했다고 합니다. 그런데 더욱 가슴 저미는 것은 그 당시 에티오피아에 제대로 된 상비군은 친위대 밖에 없었다고 합니다. 자신이 가진 방위력 전부를 한국에 준 것입니다. 인터넷 나무위키에서 기록에 따르면 에티오피아 제국은 3,518명이 파병했고, 그 중에서 121명이 전사했으며, 부상자가 536명이라고 합니다. 뿐만 아니라 남아프리카 연방에서도 826명이 파병했었고, 34명이 전사했으며, 9명은 포로로 잡혔다고 하니 이 외에 다른 부상자까지 보태면 대한민국은 인류의 희생을 먹고 지금까지 자랐던 것임을 부인할 수 없습니다.

부산시장께서는 당신이 진정 지식인이고 생각이 있는 분이라면 상상해 보십시오. 지금 우크라이나가 아무리 절박한 상태에 있다 해도 아무도 자국 젊은이들의 목숨을 주지 않는다는 사실을 놓고 보십시오. 대한민국도 역시 우크라이나든 러시아든 군인은커녕 무기 하나 건네주지 못하고 있습니다. 그만큼 어렵다는 것이지요.

당신은 유일한 당신의 무기를 전부 국민을 위해서 또는 부산시민을 위해서 내주고 있는가를 우리는 점검해야 할 것이고, 또한 대한민국은 지금 인류를 위해서 우리가 가진 전부를 내어줄 수 있는가를 점검해야 합니다.

대한민국은 인류사회에 빚을 진 채무자 국가입니다. 서류상 상대가 요구하지 않는다 해도 이는 역사적으로 명백한 것이고, 그에 대한 빚을 갚을 때가 다가온 것을 알아야만 부산시를 살릴 수 있습니다. 그렇다면 빚은 어떻게 갚아야 하는 것일까? 그들은 자신도 모르는 사이에 그들의 미래를 구해 줄 나라가 대한민국이라는 사실을 느낌으로 압니다. 그래서 검은 대륙의 사람들이 커피를 가지고 오는 것입니다. 그러나 커피는 방편입니다.

부산시장께서는 지구상 가장 가난한 기아 상태가 바로 에티오피아에 있으며 다른 아프리카 지역에서도 스스로 가난을 해결하지 못하고 있음을 주목하십시오. 그들의 가난을 해결해 줌과 동시에 한국은 일자리와 주택문제와 부동산문제와 모든 고민이 해결될 것입니다. 아프리카의 기아문제는 UN에서도 해결하지 못하고 있습니다. 그러니 얼마나 좋습니까!!! 대한민국의 부산시가 아프리카의 기아를 없애버리고 드디어 세계에 드러나는 이 영광을 누릴 수 있으니 말입니다.

부산시는 남들이 하지 못하는 그런 일을 하지 않는 한 절대로 인류사에 기록되지 않습니다. 만일에 부산시가 그런 일의 물꼬는 튼다면 인류의 모든 재벌들이 부산을 드나들기 때문에 부산은 엄청난 투자를 받을 수 있는 절호의 기회를 누리는 것입니다. 그뿐만 아니라 얼마나 많은 고급 관광객이 부산을 찾을지 상상만 해도 즐겁습니다.

우선 찾아오는 검은 대륙의 사람들을 통해서 그들의 실상을 빠른 시간 내에 분석하고, 이를 부산시가 앞장서서 국가적으로 이슈를 만들어 가십시오. 만일에 부산시장이 미국의 큰손들과 인연을 가질 수만 있다면 그들과 이슈를 나누십시오. 그리고 대안을 설명해야 합니다. 빌 게이츠나 짐 로저스 등의 부자들은 그것을 원하기에 한국을 기웃거리고 있습니다. 그들도 모르지만 그리합니다.

지금 전세계의 큰 손들이 인류 자본의 70%를 가지고 있습니다. 유대인은 재물을 관리하는 역할을 하고 있습니다. 그들은 그것을 쓰고 싶어 합니다. 그것도 거룩하고 가치 있게 쓰고 싶어 합니다. 그런데 그런 일이 없는 것입니다. 그것을 부산시장께서는 할 수 있다는 것을 필자는 알려 드리고자 합니다.

부산시장에게 드리는 글(4/6)

우리나라가 역대 정권이 들어설 때마다 신도시 하나를 만들었던 것을 기억하십니까? 이젠 그런 신도시를 만드는 것이 한국 내에서는 식상합니다. 그것은 인류를 재건하기 위해서 그 동안 연습했던 것이라고 필자가 말한다면 믿을 수 있을까요?

인류의 기아를 없애면서 제2의 대한민국의 성장모델을 고스란히 적용해서 외국에 그것도 아프리카에 사이즈는 서울에서 대전까지 정도의 크기로 만들어야 합니다. 토지는 저렴하니 대기업이 그 명의로 모두 구입합니다. 자본은 드디어 인류의 자본이 쓰이기 시작합니다. 우리나라 대기업은 신용이 있을 뿐 자본은 없습니다.

지금 한국 내에서의 시행하고 절차는 똑같이 진행하되 그런 프로젝트엔 여러 가지 알아야 하는 필수적인 요건이 별도로 존재합니다. 그것까지도 대한민국 지식인들은 설명하면 금방 눈치챌 수가 있을 것입니다. 검은 대륙을 살리고, 인류의 기아를 없애는 일은 선진국도 못하고 UN도 못하던 일을 만지는 것이니 당연히 부산시는 주목을 받기 시작할 것입니다.

부산시장께선 대한민국이 인류의 가장 최빈국이었다는 사실을 아시겠지요? 그럼 지금 대한민국이 세계 GDP의 순위에서 9위에 올라와 있다는 것도 아시겠지요?

우리의 발전이 인류 역사상 유례없는 발전 속도를 가지고 있다는 것도 아시는지요? 처음 시작은 3D업종부터 시작했다는 것도 아시는지요?

우리는 우리 자신을 잘 모릅니다. 그런 일을 시작할 때부터는 우리 자신의 짧은 70년의 역사를 되돌아볼 필요가 있습니다. 그래야 그들을 살리고 대한민국의 부산시가 인류에 우뚝 설 수가 있습니다.

지금 경쟁적으로 선거 후보들이 어디를 개발한다느니 오페라 극장을 짓는다느니 하지만 그것은 당연히 해야 할 일이고, 개발자들의 능력이면 충분합니다. 그것들을 지자체 후보자들이 공약으로 내세운다는 것은 과거의 방식이라서 식상합니다. 지자체 대표들은 개발자가 아닙니다. 기여가 아님을 필자는 말하고 있는 것입니다.

대한민국은 차제엔 기술과 교육을 전세계에 수출할 것이며, 인류의 기획을 해주면서 모든 나라의 연구소 센터가 될 것입니다. 부산시에서 아프리카의 기아 문제를 푼다면 이는 검은 황금 대륙에 제2의 대한민국을 건설하는 계기가 될 것입니다. 또한 모든 아프리카의 문제는 부산으로 가지고 올 것이고 부산은 빛나지 않을 수가 없는 것이지요.

부산시장에게 드리는 글(5/6)

지금 대한민국은 3D업종에 청년들이 가지 않습니다. 이것은 선진국들의 공통된 고민이 되는데 이에 대한 해법을 한국도 찾지 못하고 있습니다. 여기서 우리는 근본적인 원인을 분석해 볼 필요가 있습니다. 일자리와 일군들은 수요와 공급이 맞아야 합니다. 그런데 대한민국의 주류 교육은 이미 고급화 되어 있고 사람들의 의식도 고급화되어 있음을 시장께서는 아실 것입니다. 생활의 양식도 고급으로 변해 있습니다. 시장님의 주변인 누가 3D업종의 공장에서 일하기를 원하는 사람 보셨습니까? 그러나 우리나라가 초창기에는 그런 일자리도 없어서 찾아 헤매다닌 것을 기억해야 합니다.

모든 장소와 때는 우연히 있는 것이 아닙니다. 우리가 아직도 가지고 있는 3D업종의 기술을 아프리카에 이전해야 하는 시점이 된 것을 상상해 보시기 바랍니다. 그러면 많은 외국인 노동자들이 같이 이전할 것이고, 우리의 나이든 기술자들도 아프리카 지역을 교육하러 떠날 것입니다. 동시에 한국은 많은 주택문제가 해소됩니다. 동시에 중국으로부터의 속박에서도 한국은 벗어날 수가 있습니다.

아프리카에서 커피를 팔러 오는 대표들은 바로 이것을 원하고 있는 것임을 부산시장은 명심하기 바랍니다. 그들은 물론 이런 지혜를 알지 못하지만 그들을 필두로 아프리카 지역을 재건하는 일에 앞장선다면 그들이 나서서 많은 일을 도울 것입니다. 그들은 반드시 필요합니다. 자세한 방법적인 것들은 할 얘기가 너무 많아지므로 사정상 생략하기로 합니다.

이런 일들을 부산시가 주관한다면 부산시엔 많은 국제적인 투자자들이 줄지어서 찾아 들어옵니다. 부산시를 찾는 질적인 부분이 바뀌는 것입니다. 부산시장은 이런 일을 해야만 비로소 부산을 세계 속의 부산으로 상승시킬 수가 있습니다. 부산시의 모든 시민은 할 일이 너무 많아서 필요 없는 사람이 없게 됩니다. 왜냐하면 지구상 부자들의 많은 재물이 비로소 가치 있게 세상을 구하려고 지갑 밖으로 빼꼼히 고개를 들기 시작할 것이기 때문입니다.

부산시가 한 단계 올라서려면 오페라 극장을 짓는다고 올라서는 것이 아니고, 고급의 연구진들과 재물을 움켜쥐고 쓰지 못해서 안달하고 있는 세계의 부자들이 투자하면서 올라서는 것입니다. 세계의 유명인들이 부산에서 살고 싶어 하겠지요. 세계의 일류 국민이 살고 싶은 도시가 되어야 부산은 빛이 나는 것입니다.

부산시장에게 드리는 글(6/6)

또한 부산을 가리켜 영화의 도시라고 하나요? 도대체 부산은 얼마나 좋은 브랜드를 가지고 있는지 모릅니다. 영화 등의 문화산업은 대한민국이 미래시대를 선도할 수 있는 가장 고급의 핵심적인 아이템이 됩니다. 그런데 지금 부산이 콘텐츠가 있는가? 없습니다.

미래의 콘텐츠의 방향을 말씀드리면 지금까지와는 모든 면에서 관점을 달리해야 합니다. 폭력적이지 않아야 하고, 진리를 담고 있어야 합니다. 진리는 어느 한 나라를 적대국으로 보지 않습니다. 따라서 중동이든 러시아이든 미국이든, 어디에서 방영을 해도 타당한 주제와 소재여야 합니다. 또한 인류가 영원히 보아야만 할 작품들을 부산시는 쉬지 않고 생산해야 합니다. 부산시가 그런 탁월한 생산을 할 수 없다는 법이라도 있나요?

부산은 모든 인류의 관광객들이 반드시 거쳐가야 하는 도시가 되어야 하고, 부산에 오면 정신적으로 한 단계 배워가는 교육적인 프로그램이 항상 여행업과 같이 연계되어야만 하는데 지금은 그것이 마련되어 있지 않습니다.

한국의 태권도와 한국영화 한국의 노래 한국의 특별한 옷 한복 경험 등 얼마나 많은 관광 아이템을 만들 수 있는지 헤아릴 수조차 없으며, 그런 과정에서 인성교육은 반드시 필수적인 코스가 될 것입니다.

미래는 정신세계 즉 문화콘텐츠가 세계를 지배하기 때문입니다. 힐링과 더불어 교육프로그램이 외국인을 상대하는 관광상품엔 추가되어야 하는 특별한 것인데 아직은 단순히 지역을 둘러보고 음식을 먹는 것을 관광이라고 하고 있으니, 관광 초보적인 수준임을 부인할 수 없습니다. 관광이란 무언가를 배우러 가는 것이지 먹고 마시러 가는 것이 아닙니다.

건물을 짓고 오페라 극장을 만드는 것은 껍데기를 만드는 일이고 그 안에 채워야 할 내용물을 알차게 창조해 내는 것이 부산시가 미래에 우뚝 설 수 있는 대안임을 알려 드립니다.

2022.05.10./서경례/
부산시는 인류의 최고급 도시가 될 수 없는가?

Endless Competition(1/2)

We lived in competition.
That's right.
You were number 1 in school.
If there is a 1st place, there must be a 2nd place.
In other words, they learned to compete.

Endless competition,
long jump competition, etc.
Because even gold medals
only give you first place,
you practiced and studied to death.

There was also an arms race.
Even now, because of Putin and Ukraine,
the U.S. is fighting a nerve-wracking
battle every day.

You've seen politicians
compete endlessly.

The present situation develops
as a result of infinite competition.
Now you know it's painful.
So, people slowly start to find
win-win. because it can't be

2021.07.12./Seu Kyung-rye
/What we learned in the era of competition

무한 경쟁(1/2)

우리는 경쟁하면서 살았습니다.
맞지요.
학교에서 1등이 있었잖아요.
1등이 있으면 반드시 2등이 존재합니다.
즉 경쟁을 배웠던 것입니다

끝없이 경쟁하면서
가격경쟁 속도 경쟁
오죽하면 멀리뛰기 경쟁 등
금메달도 1등만 주기 때문에
죽도록 연습했었고 공부했습니다.

무기 경쟁도 했었지요.
지금도 푸틴과 우크라이나로 인해
미국은 연일 골치 아픈 신경전을
치르고 있습니다.

정치인들 무한 경쟁 하는 것을
여러분은 보셨습니다.

무한 경쟁을 한 결과
지금의 상황이 전개됩니다.
그래서 사람들은 서서히 상생을
찾기 시작합니다. 안되니까요.
-계속-

2021.07.12./서경례/경쟁시대에서 배운 것

Endless Competition(2/2)

If you look closely
at the schools, churches,
and work stations
we encounter,
they all expanded and
grew while competing.

Samsung and LG also competed
for mobile phones, but LG has
now abandoned mobile phones.
Some people worry about it.
Samsung has no competitor.
A bigger competition awaits Samsung.

These days, singers have created
a program called "Contest" to compete
indefinitely.

No matter how much you listen
to them, their unique charms are perfect.
Even so, they compete for high-pitched treble.
It has reached a point where the audience
is rather uncomfortable to hear because
they only shout at the high notes.

What is competition? First of all,
you have to step on your opponent
to climb up. When we compete,
that is to say, we express our will
to step on top of our opponents.

What if competition turns into win-win?
Is it an impossible fantasy?

2021.07.12./Seo Kyung-rye/Is coexistence possible?

무한 경쟁(2/2)

우리가 접하는 학교
우리가 접하는 교회
우리가 접하는 직장
방송국 사회 국가 등
자세히 들여다보시면
전부 경쟁하면서 확장했고
커져 왔었습니다.

삼성과 LG도 휴대폰 경쟁하다
LG가 이젠 휴대폰을 접었습니다.
어떤 이는 그걸 두고 걱정을
합니다. 경쟁을 하지 못한다고요.
삼성은 더 큰 경쟁이 기다립니다.

요즘은 가수들을 또 경연이라는
프로그램을 만들어 무한 경쟁을
시킵니다.

아무리 들어봐도
각자의 고유한 매력들이 완벽하게
100점짜리들인데도 시키다 보니
고음 경쟁을 하고 있습니다.
고음만 지르다 보니 듣기가 오히려
거북해지는 단계까지 왔답니다.

경쟁이란?
일단은 상대를 밟아야 올라갑니다.
우리가 경쟁한다는 것은 다시 말하면
상대를 밟고 올라가겠다는 의지를
표출하는 것입니다.

경쟁이 상생으로 바뀌면 어떨까요?
불가능한 환상일까요?

2021.07.12./서경례/상생은 가능할까?

Need to compete to develop?

Yes. But only material.
The past was the age of matter.
So in the past, that's how it developed.
Humans also needed competition
until the end of evolution.

Scientific material will continue
to advance in the future.
From coal fuel to petroleum fuel
From petroleum fuel to electric fuel
to nuclear power to hydrogen fuel

By the way!
How do you feel about competing
with immaterial beings called humans?

Was there any lasting pleasure in hurting
someone and stepping on them?

A moment of joy is good, but loneliness
remains in the next moment.
Good things can be disliked.

Human beings are different from
animals, so competition eventually
kills all of us. You will learn the truth
that makes it difficult.

2021.07.12./Seo Kyung-rye/On the road to the era of coexistence

경쟁을 해야 발전?

맞습니다. 그런데 물질만 그렇습니다.
과거엔 그래야 했습니다.
사람도 진화가 있기까지는
경쟁이 필요했던 것입니다.

과학 물질은 앞으로도 계속
변형되고 발전합니다.
석탄연료에서 석유 연료로
석유연료에서 전기 연료로
핵원자력으로 수소 연료로

그런데요!
사람이라는 비물질 영체는
경쟁해 보니 어떠신가요?

상대를 상처내고 올라가면
지속되는 즐거움이 있던가요?

잠깐 느꼈던 쾌감은 좋은 것
다음 순간 외로움이 남는 것
좋은 것은 싫어지기도 하지요.

사람이라는 영체는 달라서
경쟁이 결국은 우리 모두를
힘들게 한다는 진리를 알게됩니다.

2021.07.12./서경례/상생의 시대로 가는 길목에서

Self-quarantine(1/5)

All the fragments of knowledge
you have learned so far serve
as a bridge to a new era.
And the past is grateful.
Even if you didn't know
or misunderstood.

If my skill is level 1, it will rise
to level 2 through effort,
It is wise to rush to step 3
through re-blooming efforts.

In LA, I had to get a negative
PCR test before I could board the plane.
After arriving at Incheon International
Airport at dawn, I was ordered to inspect

again. I am tested again at the public
health center I received a negative test,
but I must self-isolate for 10 days
must be filled.

This is because the government made
self-quarantine mandatory for overseas
travelers as a result of the government's
strict policy in the face of the ever-expanding
reality of the Corona Omicron.

In the manual it says:
1. Don't go out.
2. Don't meet people.
3. Do regular self-checks such as body temperature.(Registration required)
4. AI supervisors and real people in charge are designated and linked to the app to understand the movement of quarantined persons in real time.
5. Even if you are sick, you cannot go out unless it is an emergency.
6. I can't even go buy food, so I deliver rice and ramen water to the door two days later. I left it.
7. There are several other issues.
-continue-

2022.01.23./Seo Kyung-rye/The reality of self-isolation

자가격리(1/5)

지금까지 모든 지식의 파편들은 새로운
시대로 가기 위한 하나의 다리 역할을
하는 것이니 과거는 감사했습니다.
모르거나 잘못 알고 있었을지라도 그것
자체를 일깨우기 위한 것임을 우리가
안다면요.

나의 주소가 1단계라서 무지라면
지로 바꾸는 노력을 통해서 상승하고,
다시 피나는 노력을 통해서 서둘러
3단계로 가는 것이 지혜롭고,

나의 주소가 2단계라면
오류를 점검하고 입을 열 때마다
갈등을 유발하는 원인을 교정해서
상승하면 세상은 우리에게 얼마나
축복의 땅인지를 비로소 알게 됩니다.

이번엔 필자의 예를 들면 LA에서
이미 PCRtest에 음성확인을 받아야만
비행기를 탈 수가 있었습니다.
밤새 비행기를 탔고 새벽에 드디어 인천
공항에 도착. 지금은 자가 격리 기간
10일을 반드시 채워야 합니다.

날로 확산되는 코로나 오미크론 우세종이
자리를 잡아가는 현실에서 정부의
고육지책으로 해외 입국자 자가격리를
의무화했기 때문입니다.

지침서엔 이렇게 쓰여 있습니다.
1. 나가지 말 것
2. 사람을 만나지 말 것
3. 체온 등의 정기 체크를 스스로 할 것.
   (등록해야 함)
4. AI 감독 담당관과 실제 사람 담당자가
   지정되어 앱으로 연동되어서 실시간
   격리자의 동선을 파악할 수 있습니다.
5. 아파도 응급이 아니면 못 나감.
6. 음식 사러도 못 가니 이틀 후에
   햇반과 라면 물 등을 문 앞에 배달해
   놓고 갔습니다.
7. 이외에도 여러 가지 사안들이 있지만
   생략하기로 합니다.
-계속-

2022.01.23./서경례/자가격리라는 현실

Self-quarantine(2/5)

In Part 1, I mentioned that
my current situation
is in mandatory self-quarantine.
And when I saw the self-quarantine
rules, it was all about not going out,
These are the things that prevent
them from coming into contact.

Even if you are not a corona patient,
the actual situation is self-isolation.
In an article I posted a few days ago, it said:

[After leaving the house
and having a hard time,
I am now resting at a cozy house.
Also, the house is the best.
Even if I'm in prison for 10 days,
I can feel it. I love you all ♥]

However, it says "Living in Prison".
Prison is correct. Whether I have
the coronavirus or not,
it's the same as a prisoner in prison.

According to current common sense,
only the Cheongsong Prison or the place
where the defendants who have been tried
and sentenced live are known as cell cells.

But obviously, I am also in prison.
Corona patients are self-isolating even if
they don't have any serious symptoms.
This, too, is a prison sentence.

2022.01.23./Seo Kyung-rye/The meaning of being trapped

자가격리(2/5)

1편에서 필자의 현재 상황이
의무 자가격리 중임을 말씀드렸습니다.
그리고 자가격리 수칙들을 보니 전부
나가지 못하게 하는 것, 사람을
접촉하지 못하도록 하는 것들입니다.

코로나 환자가 아님에도 실제 상황은
이유 불문 어찌 되었든 자가격리입니다.
며칠전 입국하는 날 필자가 올려드린
글에는 이렇게 적혀 있습니다.

[집 나가면 고생이라고
고생고생하다가 이제야 포근한 집에 와서
쉬고 있습니다. 역시 집이 최고랍니다.
10일간 감방살이 해도 감지덕지하네요.
여러분 사랑합니다♥]

요렇게요. 그런데 "감방살이"라고
적혀있지요. 감방이 맞습니다.
코로나에 걸렸든 걸리지 않았든지
지침을 여러 장 보냈는데 전부 읽어보니
감옥의 죄수처럼 똑같은 것입니다.

현재의 상식으로는 동부 구치소라든가
청송 교도소라든가 재판을 받고,
형의 선고를 받은 피고인들이 지내는
곳만을 감방으로 알고 있습니다.

그러나 분명 필자도 감방살이를
하고 있는 것입니다.
코로나 환자들도 그다지 큰 증상이
없어도 자가격리라는 것이니
이것도 감방살이가 맞는 것입니다.

2022.01.23./서경례/갇힌 것의 의미

Self-quarantine(3/5)

In this era, we can lead the people only by solving the reality. Confusion is inevitable if we do not even know the reality we face. so If we want to change society properly, we need to know first.

If you look at the level of common sense, you would think that only the Cheongsong Prison is a prison or cell, but I said that those who live in self-isolation are also living in a cell with a 10-day sentence.
Shall I re-introduce another type of cell?

I'm sure many of you have had the same experience. If you are terribly ill, you may have had the experience of lying in a hospital bed, motionless, when they ask you to come, and when they tell you to go, you go, and when they ask you to pay, you pay.

When you're sick, there's nothing you can do. It means that you start crawling on your own and living in a prison cell in the hospital without moving. That's how patients bow their heads. Then they start to break their stubbornness.

임○○	I hate both. This is the best place to walk around and breathe freely.
서경례 임○○	**Crack me up!!!**

If anyone who reads this article needs
to go to the hospital, take a look around
and see the patient's condition.
You can see them serving their sentences
lying on their own in a hospital bed,
which is more difficult than a prison cell.

Of course, common sense is that
they are not criminals, but only patients
who have come to the hospital.
Ouch! It hurts.

Do prisoners suffer more?
Or would it be more painful to lie
in a hospital cell?

2022.01.23./Seo Kyung-rye/Various types of prison cells

자가격리(3/5)

지금 시대는 현실을 풀어내야 국민을
이끌어갈 수 있습니다. 우리가 처한
현실도 모르는데 혼란은 필연적입니다.
그러니 우리라도 알아서 바르게 돌리고자
하면 일단 알아야 합니다.

상식의 수준으로 보면 청송 교도소 등만
교도소 즉 감방인 줄 알겠지만 자가 독거
격리 생활을 하는 자도 10일짜리 형량의
감방 생활이라고 말씀을 드렸습니다.

교도소라고 알려진 곳은 여기보다는
열악한 곳이니 죄가 더 많아서 그렇다고
여길 것을 알기에 다른 유형의 감방을
다시 소개해 보면

여러분들도 다들 경험을 해보신 분들이
많을 것입니다. 몸이 지독하게 아프면
병원 침대에 꼼짝없이 누워서 오라고 하면
오고, 가라고 하면 가고, 돈을 내라고 하면
내는 경험을 말이죠.

아파 자빠지면 별 수가 없지요.
스스로 알아서 엉금엉금 기어서 꼼짝없이
병원을 찾아가든 집에서든 누워서 형살이를 시
작합니다. 감방살이를 시작하는 것입니다.

그래야 고개를 숙이거든요.
그래야 고집을 꺾기 시작하고 그전까지는
똑똑한 고집이 대단합니다. 잘났거든요.

이 글을 보신 분들이 병원에 갈일 있으시면
한번 쫙 둘러보시고 환자의 형세를 보세요.
엉금엉금 누워 형살이를 하고 있는 것을
볼 수가 있습니다.

물론 상식적으로 그들은 죄인이 아니고
병원에 온 환자들일 뿐입니다만 상식을 깨면 비
로소 죄인이 벌을 받고 있는 상황이
훤히 노출이 됩니다. 아야! 아프지요.

교도소 수감된 사람이 더 고통스러울까요,
아니면 허구한 날 병원 감방에 누워서
살아있는 송장 신세가 더 고통스러울까요?

2022.01.23./서경례/감방의 다양한 형태

임○○	둘 다 싫어요. 자유롭게 걸어 다니고 숨 쉬는 이곳이 제일 좋은 곳입니다.
서경례 임○○	**뻥 터지네요.**ㅎㅎ

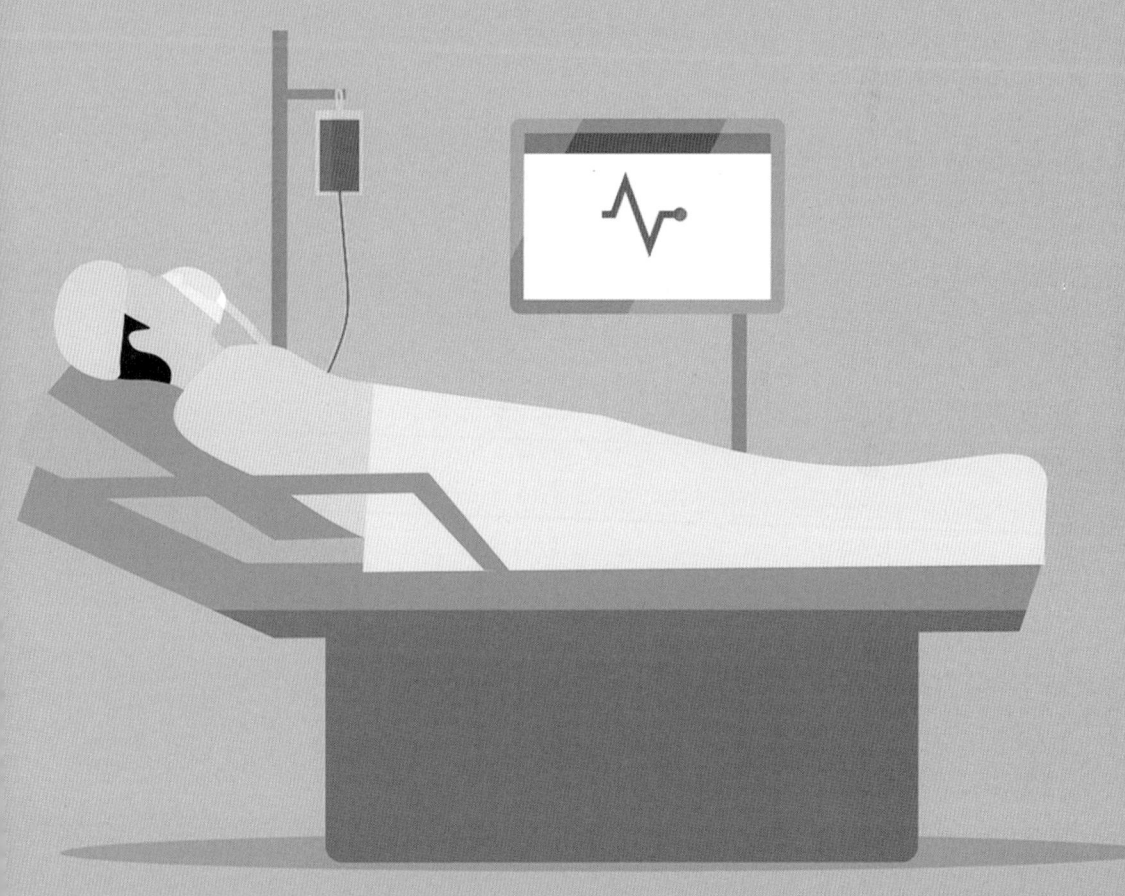

자가격리(4/5)

지식 위 상식을 깨지 않으면 도저히
진리가 들어갈 수가 없습니다.
떡하니 똬리를 틀고 있는 것이
상식입니다. 똑똑한 병이지요.
진리가 뭔지를 모르기에 상식이
좋은 것이라고 다들 알고 있습니다만
미래는 누가 먼저 이 늪에서 빠져
나오느냐가 관건입니다.

왜?
엉금엉금 기어갈 정도로 아파야만 할까요?
하느님이 그러는 것은 아닐 거야.
그래서 남 탓이 또 나옵니다.
대자연은 머리가 나쁘지 않아요.
남의 일로 당사자를 치는 법칙은 없습니다.

어린아이의 맑은 눈으로 보면
병상침대는 가장 고독한 감방살이입니다.
우리는 배웠습니다. 죄를 지으면
감옥에 간다고 그것까지는 알아요.
사람들이 제일 민감하고 싫어하는 단어가
"죄인" 듣는 순간 미간이 찌그러집니다.
감방이 싫거든요.

왜 그럴까요? 죄인이니까!!!!
병원이 감옥이고 청송 교도소가 감옥이고
자가격리가 감옥이면 죄수가 맞는 것입니다.
따라서 교도소 수인도 병원의 누워있는
환자도 자가격리 필자도 전부가
수형생활을 하는 것입니다.

2022.01.23./서경례/형을 받고 있는 자들

Self-quarantine(4/5)

If you do not break common sense,
you cannot enter the truth.
It's common sense to keep your head
spinning. It's a smart disease.
Everyone knows that common sense
is good, but The future depends on who
gets out of this swamp first.

Why
does he have to crawl?
As a patient, he blames others again.
By the way God does not have a law against
people who are not the parties because of
other people's affairs.

Seen through the clear eyes of a child,
a hospital bed is the loneliest living in a cell.
we learned We even know that if we sin,
we go to jail. It doesn't feel good when people
hear the word "sinner" the most sensitive
and disliked.

Why? Because humans are sinners!!!!
If the hospital is a prison, the Cheongsong
prison is a prison, and self-quarantine
is a prison, we are prisoners.
Therefore, both the lying patients in the
hospital and those who self-quarantine are
all sentenced to life in prison.

2022.01.23./Seo Kyung-rye/Those who are being sentenced

Self-quarantine(5/5)

I mean I'm just a sick patient, I'm not a criminal, and moreover, lying in a hospital wouldn't make sense for me to be in a prison cell, wouldn't it?

This is due to a side effect of the last drug I took. Or it's generally thought that it's just that you're old and it's time to break down one by one.

If you are sick, you have a contradiction. If he is frustrated, you should know that he has a contradiction,

If you expand your field of view Whether it is a studio or a reading room, with or without windows, all the places that make you feel stuffy are prison cells. I mean

I'm just a sick patient, not a criminal, and moreover, lying in a hospital wouldn't make sense for me to be in a prison cell, wouldn't it?

This is due to a side effect of the last drug I took. Or it's generally thought that it's just that you're old and it's time to break down one by one.

If you are sick, you have a contradiction. If he is frustrated, you should know that he has a contradiction, If you expand your field of view Whether it is a studio or a reading room, with or without windows, all the places that make you feel stuffy are prison cells.

2022.01.23./Seo Kyung-rye/
Those who were driven out to the east of Eden

자가격리(5/5)

내가 말이지 몸이 아플 뿐인데
그래서 환자일 뿐 죄인은 아니고
더군다나 병원에 누워있는 것이
감방살이 일리가 없지 않은가?

단순히 몸이 아픈 것이고 이것은
지난번 먹은 약의 부작용으로
생긴 것인데~ 또는 나이 먹었으니
하나씩 고장 날 때가 되어서 그리되는
것일 뿐이라고~~

내가 아프면 내가 모순이 있는 것입니다.
내가 답답하면 내가 모순이 있는 것임을
알아야 하고

시야를 더 확장하면 원룸이든 고시원이든
창살이 있든지 없든지 답답한 상태가
되는 곳은 감방이 맞습니다.

시야를 더 확장하면 지구촌 전체가
감방입니다. 감방을 교도소라고 하는데
교도 즉 하늘의 이치를 가르치는 곳
수감자들이 하는 얘기 "학교"라는 표현은
정확하게 맞는 것이지요.

우리의 육체는 단단히 장착된 수갑이고,
지구촌은 에덴의 동쪽인 감옥인 것입니다.
비록 감방이지만 순종하면 포근한
지상의 낙원입니다.

우리는 모두 학교로 공부하러 귀양살이 온
학생이었던 것이지요. 단지 각자의 죄가
다르고 형이 달라서 형벌의 종류가
다를 뿐입니다.
이제는 알 것은 정확히 알아야 하기에
이해가 어렵더라도 우리가 사는 지구라는
별의 의미를 알려 드립니다.

2022.01.23./서경례/에덴의 동쪽으로 쫓겨난 자들

A mirror-like virtual image and reality(1/6)

1. Recognition of material and immaterial concepts

Physicists have been studying matter so far. They are geniuses with extraordinary intelligence, imagination and numeracy.

Despite such intellectual prowess, When we talk about the "being of a person" that we actually feel, we understand it only as the sum of matter, that is, microscopic particles of matter.

What if they saw people differently from ordinary matter? The body is composed of particles that are matter, and the soul inside, that is, the speaking "I" itself, exists as a special energy called non-material.

Still, in this transformational age in which we live, they will be lucky enough to clear up all their doubts.

Those of you who read this article acquire the knowledge of the immaterial universe of the new age before such top physicists.

Looking back on the past, we have lived so fiercely, but only the elusive memories remain as if a piece of paper was turned. And those memories gradually fade with age.

There is only one memory left, the most grateful, the saddest, or the most regretful. In the end, what is left of us is not material, but only the things that are remembered in the soul, which are immaterial, remain as files.
-continue-

2021.08.05./Seo Kyung-rye/Material memory disappears with time.

거울 같은 허상이면서 실체(1/6)

1. 물질과 비물질 개념의 인식

물리학자들은 지금까지 물질을 연구해 왔습니다. 그들은 지적인 인지력과 상상력과 수리력 등이 대단히 탁월한 천재들입니다.

그러한 지적인 탁월함에도 불구하고, 우리가 실제로 느끼는 "사람이라는 존재"를 말할 때에 물질 즉 미세한 물질 입자들의 총합으로만 이해하고 있습니다.

만일에 그들이 사람이 일반의 물질과 달리 육체는 물질인 입자로 구성되었고, 그 안에 들어가 있는 영혼 즉 말을 하는 "나"라는 존재 자체는 비 물질이라는 특수한 에너지로 존재한다는 사실 하나만이라도 알고 바라본다면 아마도 많은 물리학적 의문점들이 풀릴 것입니다.

그래도 우리가 사는 이 변혁의 시대에 그들은 그들의 모든 의문점을 명쾌하게 풀어낼 수 있는 행운이 주어질 것입니다. 이 글을 보는 여러분들은 그러한 최고의 물리학자들 보다 먼저 새 시대의 비물질 우주의 지식을 습득하는 것입니다.

지난날을 돌이켜 보면 그토록 치열하게 살아왔건만 마치 종이 한 장을 넘긴 것 같은 잡히지 않는 기억만이 남아 있을 뿐이고, 그 기억도 나이가 들면 서서히 사라집니다.

단지 하나 가장 감사한 기억이나 가장 슬펐던 기억이나 가장 후회되는 것 등만이 남아 있습니다. 결국은 우리에게 남는 것은 물질이 아니라 비물질인 영혼에 기억된 것들만 file로 남아있게 된다는 사실입니다.
-계속-

2021.08.05./서경례/물질기억은 시간 가면 사라지는 것

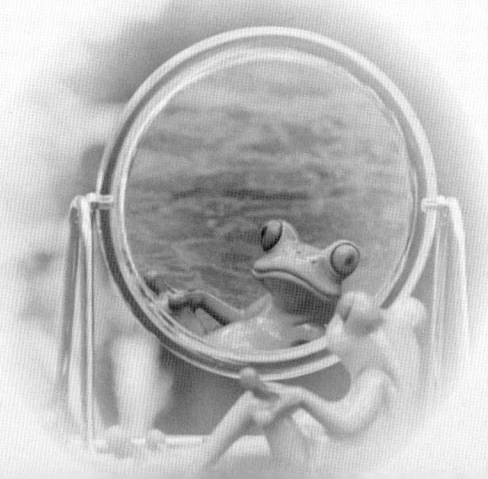

A mirror-like virtual image and reality(2/6)

2. The meaning of space

The three-dimensional space we live in is made of matter. Physicists do not feel that it is easy to understand the concept of [space] as a distinction between matter and non-material. Because they never imagined [a universe without space].
Can you imagine a world without space?

We build and destroy the houses we live in, we make and eat food, and they disappear again, and when human bodies die, they become corpses and disappear into nature without a trace. All substances go to nature.

Therefore, the expensive apartments in Gangnam, to which we are so obsessed, will eventually all disappear. Truthfully speaking, The space we see is, after all, an illusion like a hologram. But that doesn't mean it doesn't exist at all.

In the end, it means returning to cosmic energy. It's called the law of conservation of energy!

Our body goes through countless reincarnations, from organism to human flesh, and human beings too. It went through stages of evolution. So the theory of evolution is truly a valid scientific theory.

But One thing missing is that the animal flesh is material, but not only has it evolved, but the immaterial soul, that is, the spiritual excellence, has also evolved over and over again.

Reincarnation was necessary for the soul to undergo intellectual evolution. DNA files are getting better and better these days, children are born with the best quality.

to tell you again
All the theories that scientists have come up with only talk about matter, and that's true. By the way The existence of immaterial things that they are not even aware of before their eyes, the very person and all the words and information they say(information can be seen as knowledge), etc., are clearly not material. My writing is not material.
(Gil-Myung Lim asked a very essential question, so difficult concepts are included, but if you look at it once, it will be easier to understand later.)

2021.08.06./Seo Kyung-rye/Matter, immaterial, space, knowledge, evolution

거울 같은 허상이면서 실체(2/6)

2. 공간의 의미, 물질과 영혼의 진화

우리가 사는 3차원 공간은 물질로 이루어져 있습니다.
[공간]에 대한 개념을 물질과 비물질의 구분으로 보면
용이한 것을 지금 물리학자들은 그것에 대한 이해가
가슴으로 와닿지 않습니다.
왜냐하면 [공간이 없는 우주]를 한 번도 상상해 본 적이
없기 때문입니다.
여러분은 공간이 없는 세계를 상상할 수 있을까요?

우리가 사는 집도 만들고 부수고, 음식도 만들고 먹어서
또 없어지고, 사람의 육체도 죽으면 시체로 되어
자연 속으로 흔적 없이 사라집니다.
물질은 모두 자연으로 갑니다.

따라서 우리가 그토록 집착하는 강남의 비싼 아파트도
결국은 모두 없어지므로 우리가 보는 공간 자체가
결국은 홀로그램 같은 허상인 것 입니다.
그렇다고 아예 없는 것은 아닙니다.

결국은 우주 에너지로 돌아간다는 의미입니다.
질량보존의 법칙은 에너지 보존의 법칙도 성립한다는 것을 의미합니다.

우리가 지금까지 살아왔던 것은 유기체에서 인간의 육질로 그리고 인간도 수없이 윤회하면서 진화의 단계를 거쳤습니다. 그래서 진화론은 진실로 맞는 과학적 이론입니다.

그러나 하나 빠진 것은 동물 육질은 물질인데 그것만 진화를 한 것이 아니고, 비물질인 영혼도 즉 정신적인 우수성도 진화를 거듭했다는 사실입니다. 그리고 지금 현재 가장 우수한 민족이 바로 대한민국의 지식인들인 것입니다.

윤회하는 것은 영혼이 지적 진화를 하기 위해 필요했었던 것입니다. DNA file이 점점 좋아져 요즘 아이들은 최고의 질을 가지고 태어납니다.

다시 말씀을 드리면
과학자들이 내놓은 모든 이론이 물질만을 얘기하는데 그것도 진실로 맞는 것입니다만 그들이 눈앞에 보고도 모르는 비물질의 존재, 바로 사람과 그 사람이 하는 모든 말과 정보 (정보는 지식으로 볼 수 있음) 등은 분명 물질이 아니라는 사실을 간과하고 있는 것입니다.
필자가 드리는 글이 물질은 아닌 것입니다.

(임○○ 님께서 아주 본질적인 질문을 주셔서 어려운 개념들이 들어가지만 한 번이라도 보시면 추후에 이해하기가 수월할 것입니다. 윤회는 성경에서 다시 옴, 부활이라는 단어로 표시된 것들을 보시면 이해가 될 수 있음)

2021.08.06./서경례/ 물질, 비물질, 공간, 지식, 진화론

A mirror-like virtual image and reality(3/6)

3. The Big Bang and Creation of Matter

Before we came as humans, we were in a pre-Big Bang state. Many physicists, including Dr. Stephen Hawking, seem to be imagining states before the Big Bang, imagining things in complete order, not chaos. That is truly true.

Before the Big Bang, it was an empty large universe, and when we went retrograde, we became muddy on our own, fell apart and collided with each other in one place, and it was the Big Bang.

According to the mutual law, the muddy things gathered together until they burst and burst in one place. To retrograde is to bump into each other. Now when you see people fighting and bumping into each other, you can see fireworks. If you hit it a lot, it will flash a lot.

The Big Bang refers to the birth of matter(dust), which is formed when the material energy brought
in by the elements collided into pieces and hardens as the heat cools. The birth of matter means the creation of space. The creation of space also means that humans can perceive time.

Time is a measurement tool created by humans to measure movement through space. Einstein was a spiritually developed soul, so he discovered this space-time, and furthermore, he wanted to know the state of the universe before the Big Bang and even the state of immaterial things, that is, the fundamental principle of the universe.

For 13.7 billion years after the Big Bang, a mass of matter coalesced to form a star called Earth, and the blue star Earth is where our non-material elements that became cloudy were sent. This is the prison to the east of Eden and a paradise on earth with everything. And our bodies were inextricably soft handcuffs perfectly designed so that we couldn't move again on Earth.

It is natural for people to feel frustrated. There was something the man didn't know, and it's time to know, and he feels the handcuffs he has placed on him. So he gets the idea to fly and says that feeling.
- Continued

2021.08.08./Seo Kyung-rye/The birth of matter and the handcuffs of the human body

거울 같은 허상이면서 실체(3/6)

3. 빅뱅과 물질의 창조

인간으로 오기 전에 우리는 빅뱅 이전의 상태였습니다. 스티븐 호킹 박사를 비롯한 많은 물리학자는 빅뱅 이전의 상태를 상상하면서 혼돈이 아닌 완전히 정돈된 것을 상상하는 것으로 보입니다. 그것이 진실로 맞습니다.

빅뱅 이전은 공한한 대우주였고, 우리가 역행을 함으로써 스스로 탁해져서 떨어져 서로 한자리에서 부딪힌 것이 바로 대폭발 빅뱅인 것입니다. 끼리끼리 법칙은 탁한 것끼리 서로가 한자리에서 뻥하고 터질 때까지 정확히 모여들었습니다.

역행을 한다는 것은 서로 부딪히는 것입니다. 지금 사람들이 부딪히는 것을 보면 불꽃이 튀는 것을 볼 수 있습니다. 많이 부딪히면 많이 섬광이 생깁니다. 역행이란 자기만의 욕심으로 운용을 하면 지금처럼 서로 불꽃을 튀기고, 서로 상대를 위해서 살면 평화롭게 모든 일이 자연스럽게 이루어집니다.

빅뱅은 산산이 부딪힌 원소들이 끌고 온 물질 에너지가 열이 식으면서 꾸덕꾸덕 굳어서 만들어진 물질(먼지)의 태동을 의미합니다. 물질의 태동은 공간이 만들어짐을 의미합니다. 공간이 만들어졌다는 것은 동시에 인간이 시간을 인지할 수 있다는 것을 의미합니다.

시간이란 공간 사이의 이동을 측정하기 위해서 인간이 만든 측정 도구적 개념입니다. 아인슈타인은 영적으로 발달된 영혼이기에 이 시공간을 알아낸 것이고, 더 나아가 빅뱅 이전의 상태와 비물질의 상태까지도 즉 우주의 근본 원리를 알고자 했던 것입니다.

빅뱅 이후 137억 년 동안 물질 덩어리가 뭉쳐서 지구라는 별을 만들었는데 탁해진 우리 비물질 원소들이 보내진 곳이 푸른 별 지구이고, 여기는 에덴의 동쪽 감옥이자 모든 것이 갖추어진 지상낙원입니다. 또 지구에서도 다시 움직일 수 없도록 단단히 수갑을 채워 하느님은 지휘를 하기 시작하는데 우리의 육체는 완벽하게 고안된 최고 빠져나갈 수 없는 말랑말랑 수갑이었던 것입니다.

사람이 답답함을 느끼는 것은 당연합니다.
모르는 것이 있고, 알고자 할 때가 된 것이고,
그리고 자신을 채운 수갑을 느끼고 있습니다.
그래서 훨훨훨 날고 싶다는 느낌을 말합니다.
-계속-

2021.08.08./서경례/물질의 태동과 육체라는 인체의 수갑

A mirror-like virtual image and reality(4/6)

When we get out of this ignorance and don't feel handcuffed, we are truly free. By the way In order for us to realize ignorance, the human soul had to evolve. An ignorant person cannot attain enlightenment.

This is not a concept of class. It means that the amount of intellectual effort must reach as much as that of an intellectual.

(My writing is more detailed than any other philosophical book. There is no need to regret the lack of studies in the past.)

거울 같은 허상이면서 실체(4/6)

이 무지를 벗어나서 수갑을 느끼지 못할 때, 우리는 진정 자유롭게 됩니다. 그런데 우리가 무지를 깨우치기 위해서는 비물질 영혼이 진화를 해야 가능했던 것입니다. 무식한 자가 깨달음을 얻을 수는 없습니다.

이것은 학벌의 개념이 아닙니다. 미래는 학벌과 지연 학연 등 모든 것이 소용이 없고, 종교적 파벌도 타파됩니다. 지적인 노력의 양이 70% 지식인의 그것만큼 도달해야 한다는 의미입니다.

(책으로 공부하는 것은 필자가 드리는 글이 지금까지 어떤 철학서보다도 자세하게 서술된 것이니. 과거의 가방끈이 짧다고 아쉬워할 필요는 전혀 없습니다. 동시에 과거의 학벌을 가지고도 도태될 수 있음을 알려 드립니다. 지식인 수난 시대를 미리 외치고 있는 것은 엄청난 것입니다.)

A mirror-like virtual image and reality(5/6)

4. Matter and Illusion

For this reason, until now, human beings have continued to reincarnate, improving the mass of their souls (like upgraded program files). The fact that children born these days are so clever means that evolution is over.

Those who are in the final stages of this evolution are now intellectuals. They are left with only enlightenment. Intellectuals were born with a mission to leave behind the path that people should lead.

In order to live in the future, we need to be educated about all the principles and reasons of the universe and the true meaning of immaterial humans and the words they have produced so far.

The reason we came to Earth is to get an education. We must realize our own ignorance and return to our homeland. That is why we are singing of love so much. An empty world is the state of love. The love we've been talking about so far isn't really love.

The man we see is a heavenly messenger to awaken our contradictions. That's why we called it a mirror because it tells us how we look at it.
- Continued

2021.08.09./Seo Kyung-rye/The last realization of those who have finished evolution

거울 같은 허상이면서 실체(5/6)

4. 물질과 허상

이렇게 이유 있어 지금까지 인간은 수없이 윤회하면서 영혼의 질량(upgrade 된 프로그램 file 같은)을 향상시키며 왔습니다. 요즘 아이들이 그토록 영특한 것은 진화가 끝났다는 의미가 됩니다.

이 진화의 마지막 단계에 있는 사람들이 지금 지식인들입니다. 깨달음만 남겨 놓고 있습니다. 이들은 사람이 바르게 살아가야 하는 길을 놓고 떠나야 하는 사명을 짊어지고 태어났습니다.

그러기 위해서는 우리가 알아야 합니다. 모든 원리와 이유와 비물질과 사람과 지금까지 인간들이 생산한 말의 진정한 의미를 정확하게 교육을 받아서 알아야 미래를 살아갈 수가 있습니다.

지구에 온 이유가 바로 교육을 받고자 함이고, 스스로 무지를 깨닫고 자신의 고향으로 돌아가고자 하는 것이 모든 사람의 최고 바람입니다. 그래서 그토록 사랑을 노래하고 있는 것입니다. 공한한 세계가 바로 사랑의 상태인 것입니다. 흔히 말하는 사랑은 사랑이 진실로 아닙니다.
사랑이란 것이 그토록 가벼운 것일 리 없다는 느낌을 가져보지는 않았는지요?

우리가 눈에 보이는 물질을 뒤집어쓴 사람은 우리의 모순을 일깨워 주기 위한 하늘의 사자입니다. 그래서 그것을 보는 우리의 모습을 대변하는 것이기에 거울이라고 했던 것입니다.
-계속-

2021.08.09./서경례 / 진화가 끝난 사람들의 마지막 깨달음

A mirror-like virtual image and reality(6/6)

As a person's level rises, the people around them gradually become nicer, and the clothes they wear also improve. An important concept enters here.

Matter reveals the state of non-material as it is. Matter expresses the state of the non-material, just as it appears on the face when we are in a good mood, and on the material face when we are in pain.

So it's not that material is meaningless. Existing immaterial spirit bodies are contained in the human body. And it gives a lot of information.

Nevertheless, all matter in the three dimensions we live in is necessary during life, so when it is used well, it returns to the energy of the cosmos.

In other words, later, when the universe ends,
everyone on Earth will be cleared from retrograde on their own and will be cleaned up when the prison is no longer needed.

Modern science is also curious about black holes that absorb even a special particle of light, but all-sucking black holes are indeed the cleaners of the universe, which will eventually have to absorb and clean up all matter, including light.

There is no such thing as saying that everything, whether it be human body or money, is an illusion. It's the energy of nature(quantum mechanics seems to be all the rage these days in physics, like the rings they say are the smallest particle energy of matter in string theory). Man is a real entity and a special relationship that had a relationship in heaven. All relationships are met because they are interconnected.

『According to new clues, a hologram that looks like the real thing may be a hologram not only of us, but also of all things, the space itself.

Everything we see and experience- all the familiar entities we call three-dimensional objects-maybe a thin two-dimensional space far away. It may be information projected on a plane(here, two-dimensional in a physical concept).』

(Brian Green, professor of physics at Columbia University, USA) The words of a scientist are very meaningful even for those who only investigate matter. Because the more they study the equation, the more they say that matter is an illusion, like a hologram.

2021.08.10./Seo Kyung-rye/Are the things we see really holograms?

거울 같은 허상이면서 실체(6/6)

사람의 질량이 높아지면 인연되는
사람도 점점 좋은 사람으로 바뀌고,
입는 옷들도 좋아집니다.
여기서 중요한 개념이 하나 들어갑니다.

물질은 비물질의 상태를 그대로 드러냅니다.
우리가 기분이 좋으면 얼굴에 그대로
나타나고, 우리가 고통스러우면
물질 얼굴에 그대로 나타나는 것처럼
물질은 비물질의 상태를 표현합니다.

그러니 의미 없는 것이 절대로 아닙니다.
또한 인간의 육체 속엔 실존하는 비물질 영체가
들어가 있습니다. 그리고 많은 정보를 줍니다.

그럼에도 우리가 사는 3차원의 모든 물질은
살아있는 동안 필요한 것이니 잘 쓰고 나면,
대우주 에너지로 돌아가는 것입니다.

달리 설명하면 후에 우주가 끝날 때,
지구상 모든 사람이 스스로 역행을 하지
않도록 맑아져서 감옥이 필요 없을 때
깨끗하게 정리됩니다.

현대 과학은 빛이라는 특별한 입자조차도
빨아들이는 블랙홀이 또한 궁금합니다만
모든 것을 빨아들이는 블랙홀은
마지막에 빛을 포함한 모든 물질을
빨아들여서 정리해야 하는 역할을 담당할
우주의 청소기가 진실로 맞습니다.

인간의 육체이든 강아지이든 돈이든
모든 것을 허상이라고 한 것은
없는 것이 아니고, 자연의 에너지
(물리학에선 요즘 양자역학이 대세인가
봅니다. 그들이 말하는 끈이론에서 물질의
최소 입자 에너지의 형태인 고리처럼)라는
것이고, 그러나 사람은 진정한 실체이면서
하늘에서도 인연이 있었던 특별한 관계입니다.
모든 인연은 서로 연결되어 있기에 만나는
것입니다.

『진짜처럼 보이는 홀로그램이,
새로운 단서들에 의하면
우리를 비롯한 모든 만물뿐만 아니라
공간 자체도 홀로그램일지도 모릅니다.

우리가 보고 경험하는 모든 것들
즉 우리가 3차원 물체라고 부르는
낯익은 모든 실체들이 어쩌면
멀리 떨어져 있는 얇은 2차원
(여기선 물리학적 개념의 2차원)
평면에 투영된 정보일지도 모릅니다.』

라고(미국 컬럼비아 대학 물리학과 교수,
브라이언 그린) 말하는 어느 과학자의 말은
비록 물질만을 탐구하는 그들이라고 해도
그 시사하는 의미가 매우 큽니다.
방정식을 연구하면 할수록 물질이
홀로그램처럼 허상 같은 것임을
말하고 있기 때문입니다.

2021.08.10./서경례/우리가 보는 것들이 과연 홀로그램일까?

Science also seeks truth
Religion also seeks truth
Destination is the same.

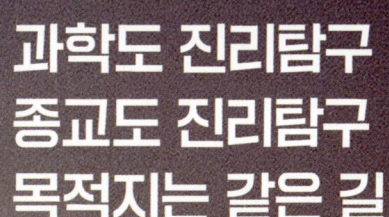

과학도 진리탐구
종교도 진리탐구
목적지는 같은 길

헤어진 후에

많은 사람들이 이혼했어요.
지금도 법원에 이혼사건 많지요.
앞으로도 계속될 것입니다.
잠재적 이혼자들이 많아서
요즘은 이혼전문 변호사도
많습니다.

극소수만 정상적인 부부생활을
하고 나머지는 부부인 듯 아닌 듯
정체성이 모호합니다.

싫어서 이혼했든
배우자 바람피워서 이혼했든
이참에 이런 상상도 한 번
해보시는 것이 어떨까요?

상대가 나쁜 사람이 아니라
그동안 나를 위해 살아 준
참으로 고마운 사람이라는
그런 상상도 해보자고요.

내가 질량 낮아서 헤어졌든
상대가 질량이 모자라 헤어졌든
어쨌든 같이 했었던 시간은
상대로 인해서 채워져 있네요.

이혼하고 나서 보니 어떤가요?
근사한 아름다운 상대가 뿅
짜잔 나타나던가요?

상대방은 그 시간 동안 나를
지탱해 준 고마운 사람입니다.
상대를 성숙한 사람으로 만들
지 못한 책임도 있었다는 것이
사실입니다. 상상이 될까요?

2021.07.19./서경례/상대는 나의 거울입니다

After breaking up

A lot of people got divorced.
There are still many divorce cases
in court. It will continue in the future.
There are many potential divorcees,
so there are many divorce attorneys
these days.

Only a very few lead a normal
married life, and the rest are ambiguous
as if they were married or not.

It doesn't matter whether you divorced
because you hated him or because
your spouse cheated on you,

How about trying to imagine something
like this for a moment?

사랑하는 이여!
같은 하늘 함께 해서
감사드립니다.

홍○○   꿈나라에서 데이트 신청합니다.
       / Asks for a date in Dreamland.

김○○   잠잘 때는 그냥 푹 자라고 해주세요.
       / Just tell me to sleep soundly.
       꿈나라에서 또 뵈면 자는 게 자는 게 아녀요.ㅎㅎㅎ
       / If I see you again in dreamland,
       sleeping is not sleeping.^^

The importance of time

Our youth is gone,
but our words and
actions remain.

It's more sad that
the time to live for
people is less than the days
of youth disappearing.

Don't waste your time,
which is more precious
than riches, on useless things,
study happily, share wisdom
with the people
next to you, and live well.♡

2021.07.16./Seo Kyung-rye/The importance of time

임○○	That's a very good idea. Wouldn't we all be much happier if everyone thought half of what you think?
서경례 임○○	**Your thoughts will change as time goes by.** **If you all realize it too quickly from the beginning,** **there is nothing I can do. ~^^** **It's good that you get to know it slowly.** **We met quickly though.** **This is because this post on** **Facebook is just the beginning.**
임○○ 서경례	Wow♡♡ This is the beginning, so I'm really looking forward to the future.
김○○	Thank you for always good articles.
박○○	A waste of time. With the passage of time, the pendulum of life is tilting. Am I going well?
청○	There is a fountain of wisdom that imparts a lot of wisdom, so I live today with gratitude.
서경례 청○	**Because of you, I am also strengthened. ♡**
청○ 서경례	I am even more grateful that you fully acted as a compass.
신○○	A fountain of never-drying knowledge. I enjoyed reading the good article.

시간의 중요성

젊은 날은 사라지지만
우리가 했던 말과 행동은
그대로 남는답니다.

젊은 날이 사라지는 것보다
사람을 위해 살 수 있는
시간이 없어진다는 것이
안타깝습니다.

재물보다 더 아까운 시간을
부질없는 곳에 사용하지
마시고 즐겁게 공부하고
옆 사람들과 지혜를 나누며
알콩달콩 살아가요.♡

2021.07.16./서경례/시간의 중요성

| 임○○ | 너무 좋은 생각입니다.
모두가 님이 생각하는 것 반만 생각해도 우리 모두는 훨씬
행복하지 않을까! 하는 혼자만의 생각이었습니다. |
|---|---|
| 서경례 임○○ | **시간이 갈수록 생각이 변해갈 것입니다.
처음부터 너무 빨리 다 깨달아 버리면 제가 할 일이 없어서요~^^
천천히 알아 가시는 것도 좋습니다. ㅎㅎ
그래도 빨리 만난 것입니다.
페북에 이렇게 정리하는 글은 이제 시작이기 때문입니다.** |
| 임○○ 서경례 | 와우♡♡ 이게 시작이라니 앞으로가 정말 기대됩니다.
파이팅 하세요. |
| 김○○ | 좋은 글 항상 감사합니다. |
| 박○○ | 아까운 시간
시간의 흐름에 따라 생명의 시간 추는 기울어 가는데 ㅎ
나는 잘 가고 있는가? 아까운 시간들~~~♥ |
| 청○ | 많은 지혜를 나누어주시는 지혜의 쌤이 있어서
감사함으로 오늘을 삽니다. |
서경례 청○	**님이 계셔서 힘이 납니다.**
청○ 서경례	님이 나침판 역할을 충분하게 해주어서 더욱 감사합니다.
신○○	마르지 않는 지식의 샘일세. 좋은 글 감사하게 읽었음. 꾸벅

Social responsibility

When the fruit is bad, the seeds inside are also bad, and the flesh is also bad.

It makes no sense to say that society has become seriously ill, and that we, as members of it, have no responsibility. If there is no society without members, would it be understandable?
We're not sick?

One gets sick, the virus spreads, and two or four people get sick.
Gradually, 100 or 1.000 people get sick, and eventually society becomes a sick society as a whole.

We all become the parties that make society sick.
So, starting with us, each one of us first realizes our own ignorance.
This is the fastest social cleanup ever.

2021.07.11./Seo Kyung-rye/We who made a sick society

사회적 책임

과일이 상했을 때는 안의 씨도 상한 것이고
과육도 상한 것이겠지요.

사회가 심각하게 병들었는데
그 사회의 구성원이었던 우리는 아무런
책임이 없다고 말한다면~~~
구성원 없는 사회가 없는데 이해가 될까요?
우리는 병들지 않았다고요?

하나가 병들고 바이러스가 옮아가서 2명 또
4명이 병들고 100명 1,000명이 병들고
결국엔 사회가 전체적으로 병든 사회가 되는 것입니다.

우리 모두가 사회를 병들게 만든 당사자가 됩니다.
그러니 우리부터 각자 한 사람이 먼저 스스로
무지를 깨닫는 것이 최고로 빠른 사회 정화입니다.

2021.07.11./서경례/병든 사회를 만든 우리들

미래비전 II 271

What should Samsung do for America?(1/15)

The author is currently traveling to Los Angeles, west of the United States.
As soon as I arrived, I was able to set foot on Mexican soil and was located on the high ground between Mexico and the U.S. border. I came to see this Trump wall built.

Texas was originally the land of Native Americans, but Spanish began to settle in the late 17th century. Texas, which was then part of Mexico and was settled by both Mexicans and Americans until it was annexed by the United States in 1845, borders Mexico and the Gulf of Mexico.

The large land area, which is more than three times the size of the Korean Peninsula, used to have abundant resources and large-scale agriculture and livestock farming, but is now a region with a lot of interest in high-tech industries such as space development.

You may have heard the news that when Samsung Electronics confirmed that its new semiconductor factory in the United States would be located in Texas, not only local officials from Texas but also senior officials from the U.S. White House expressed their welcome.

12.04.2021/Seo Kyung-rye/ Samsung and Texas

필자는 지금 미국의 서부 LA를 여행하고 있습니다. 오자마자 멕시코 땅을 밟을 수 있었고 멕시코와 미국 국경선 사이에 높이 세워진 트럼프 장벽을 보고 왔습니다. 여러분들께도 이미 알려드린 적이 있습니다.

텍사스 주는 원래 아메리카 원주민들의 땅이었으나 17세기 후반부터 에스파냐인들이 정착하기 시작합니다. 그 후 멕시코 땅이었다가 1845년 미국에 합병되기까지 멕시코인과 미국인이 함께 정착하던 텍사스는 멕시코와 멕시코만을 끼고 있습니다.

한반도의 3배가 넘는 넓은 땅은 풍부한 자원과 대규모 농 목축업을 영위했었지만 지금은 우주개발 같은 첨단 산업에 많은 관심을 가진 지역입니다. 여기에 바로 삼성전자가 미국 내 신규 반도체 공장 예정지를 텍사스로 확정 짓자 텍사스 주 지역 인사뿐만 아니라 미 백악관 고위 관계자들까지 환영 인사를 밝혔다는 뉴스는 여러분들도 들었을 것입니다.

2021.12.04./서경례/삼성과 텍사스

What should Samsung do for America?(2/15)

Samsung Electronics decided to invest $17 billion (about 20 trillion won) to build a new foundry semiconductor production facility in Texas.
It is said that the U.S. administration's National Economic Committee (NEC) Brian Deese and National Security Advisor Jake Sullivan issued a joint statement and gave meaning to Samsung's investment. (Washington = Correspondent Lee Jeong-eun, Dong-A Ilbo) Secretary of Commerce Gina Lermondo also said, "I am very pleased with Samsung's investment decision," adding, "Semiconductor production in the United States is very important to foster American leadership and innovation."

They also said that Samsung will create thousands of good jobs in the United States. Samsung received an expression of gratitude saying "Thank you Samsung." It should be noted that this was done in conjunction with the U.S. government's request to submit information from semiconductor companies around the world, including Samsung Electronics and SK Hynix.
I would like to express the needs of the United States, which possesses semiconductor-related original technology, to our Facebook friends. This means that the Republic of Korea must repay all the benefits it has received from human society, including the United States, with new levels of fruit.

12.04.2021./Seo Kyung-rye /New level of fruit

삼성전자는 텍사스에 170억 달러(약 20조 원)를 투자해 신규 파운드리 반도체 생산시설을 건설하기로 했고, 조 바이든 행정부의 브라이언 디스 국가 경제 위원장(NEC)과 제이크 설리번 국가 안보 보좌관이 공동성명을 내고 삼성의 투자에 의미를 부여했다고 합니다.(워싱턴=이정은 특파원, 동아일보)

지나 러몬도 상무장관도 "삼성의 투자 결정이 매우 기쁘다"면서 "반도체의 미국 내 생산은 미국의 리더십과 혁신을 키우기 위해서 매우 중요하다."라고 했고 또 이들은 미국 내 수천 개의 좋은 일자리를 만들어 낼 것이라는 점도 언급했다고 합니다.

삼성은 "Thank you Samsung"이라는 감사의 표현을 받았습니다.
이는 미국 정부가 삼성전자와 SK 하이닉스를 포함한 전 세계 반도체 업체들에게 정보 제출을 요구한 사안과 맞물려 이루어졌다는 것을 알아야 할 것입니다.

반도체 관련 원천기술을 가지고 있는 미국의 요구를 우리 페북 친구들에게 크게 풀어드리면 이제는 대한민국이 미국을 포함한 인류사회에 그동안 받은 모든 혜택을 새로운 차원의 열매로 갚아나가야 한다는 것을 의미합니다.

2021.12.04./서경례/새로운 차원의 열매

What should Samsung do for America?(3/15)

But do you think Samsung's job is to just establish a semiconductor factory in Texas? Will Samsung's role shine if it establishes a semiconductor factory and creates good jobs? Even high-ranking U.S. officials, including the President and Samsung's Lee Jae-yong, may know this, but the truth is not so.
Samsung is a company raised by the people of Korea. But do you know that the people of the Republic of Korea were raised by all of humanity, including the United States? If we analyze it calmly, Samsung's investment should not end with simply establishing a semiconductor factory. In this era of conflict, where humanity is facing an unprecedentedly important turning point in history, if Samsung does not recognize its true importance, Samsung and the United States will fail.

12.05.2021/Seo Kyung-rye/what for

삼성의 할 일이 미 텍사스에 반도체 공장만을 설립하는 것만으로 다한다고 볼 것인가?
반도체 공장을 설립하고 좋은 일자리를 창출하면 삼성의 역할이 빛이 날 것인가? 미국의 고위 관료들까지도 대통령 바이든도 삼성의 이재용도 그렇게 알고 있겠지만 진실로는 그렇지 않습니다.
삼성은 대한민국 국민이 키운 기업입니다. 그런데 대한민국 국민은 미국을 비롯한 인류의 모든 사람들이 키웠다는 사실을 냉철하게 분석한다면 이번 삼성의 투자가 단순히 반도체 공장을 설립하는 것으로 끝나서는 안 됩니다. 인류의 역사가 역사상 다시없는 중요한 전환점을 맞고있는 이 시대에 만일 진정한 그 중요성을 다시 인식하지 못하면 삼성도 실패하고 미국도 실패합니다.

2021.12.06./서경례/ 미국을 위해서 오는가?

What should Samsung do for America?(4/15)

Samsung's investment request serves as a message to humanity asking for relief from America's concerns. Homeless people are everywhere in the United States, and the border between Mexico and the United States is tightly guarded against refugees and beggars to the extent that it is necessary to prevent the migration of refugees. The indiscriminate influx of refugees is just as worrying for the United States.

In addition, although the United States is the world's most powerful country, it is unable to resolve this acute conflict in the global community, including North Korea, and is in a standoff with China.

According to the "World Food Security and Nutrition Status 2019" report published at the United Nations Headquarters in New York, the absolute population of people suffering from hunger is slowly increasing.

You can see that it was done. Ultimately, the number of hungry people is said to have reached 821.6 million in 2018. However, the truly ironic thing is that on one side, the health of the American people is threatened due to extreme obesity due to eating too much.

When the health of the people weakens, the country's growth momentum also declines.

12.06.2021/Seo Kyung-rye/The ironic things.

이번 삼성의 투자는 미국의 고민을 풀어달라는 인류의 메시지가 됩니다.
미국은 어디를 가나 Homeless 가 널려 있고, 난민의 이주를 막아야 할 만큼
멕시코와 미국의 국경선은 난민들과 구걸자들을 막아내느라 삼엄합니다. 그만큼 난민의 무분별한 유입도 미국을 고민스럽게 합니다. 또한 미국은 세계의 최강국이면서 북한을 포함한 지구촌의 이 첨예한 갈등을 풀지 못하고 중국과 대치상태에 있습니다.

뉴욕의 UN본부에서 발표된 "2019년 세계 식량 안보와 영양상태" 보고서에 따르면 굶주림으로 고통받고 있는 사람들의 절대 인구는 서서히 증가해서 2018년 8억 2160만 명에 도달했다고 합니다. 그런데 참으로 아이러니한 것은 한쪽에서는 너무 많이 먹어서 초고도비만으로 미국 국민의 건강이 위협을 받고 있고 국가의 성장 동력도 떨어지고 있다는 사실입니다.

2021.12.07/서경례/불균형 상태의 지구촌

What should Samsung do for America?(5/15)

If you are interested in society, if you are an intellectual, and if you study the area through travel, the situation is so serious that anyone can tell.

Think about it.
People who are not even animals spend their days begging for food like animals, or digging through trash cans on the streets to find food. A living person would be sleeping like a corpse under a bench on the street in broad daylight! That's what's happening in America, the new city of the world.

If the United States is the leader of the global community, it cannot allow this to happen. Right now, America can't do anything about it because it doesn't know how.

12.08.2021./Seo Kyung-rye/Diseased society

사회에 관심이 있고, 지식인이라면 그래서 여행을 통해 그 지역을 공부하는 사람이라면 우리는 누구나 알 수 있을 정도로 그 상태가 심각한 것입니다.

생각해 보십시오.
짐승도 아닌 사람이 짐승처럼 끼니를 구걸하면서 하루를 살고 있지를 않나!
아니면 길거리에서 쓰레기통을 헤쳐가며 먹을 것을 찾으려 하지를 않나.!
대낮에 길거리에서 벤치 밑에서 송장처럼 자고 있지를 않나!
지구촌의 신도시 미국에서 말입니다.

미국이 지구촌의 리더가 맞는다면 이런 일을 방치해서는 안 됩니다.
지금은 미국도 그 방법을 모르기에 손을 쓰지 못하고 있으며, 그건 "개인의 자유"라고 억지 논리를 펼 수밖에는 없는 것입니다.

2021.12.09./서경례/심각한 사회현상

What should Samsung do for America?(6/15)

Samsung must recognize this problem. If these American concerns are not resolved, Samsung cannot be recognized as a truly exemplary company by the United States. The United States cannot truly be a global leader. Accordingly, the author would like to offer this wise policy to Samsung.

When Samsung establishes a semiconductor factory in Texas, it must also establish an education center next to it. Imagine how many talented people will visit Samsung's semiconductor factory and how much world attention will be focused on it. In short, Samsung is naturally engaged in the semiconductor industry, and it must train all those who come to operate it to become leaders of humanity.

12.09.2021/Seo Kyung-rye/Samsung's duty

삼성은 이 문제를 반드시 인식해야 합니다. 이러한 미국의 고민을 해결하지 못하면 삼성은 미국으로부터 진정 모범적인 기업이 될 수가 없습니다. 미국도 진정으로 지구촌의 리더가 될 수 없습니다. 이에 필자는 그 지혜로운 대안을 삼성을 위해 드리고자 합니다.

그러면 이 문제를 어떻게 해결할 수 있는지 하나하나 알아가야 하겠습니다.

삼성은 텍사스에 반도체 공장을 설립함도 동시에 반드시 그 옆에 교육센터도 같이 설립해야 합니다. 삼성의 반도체 공장엔 얼마나 많은 우수한 사람들이 다녀갈 것이며, 얼마나 세계의 주목이 집중되리라는 것을 상상해 보십시오. 한마디로 삼성은 반도체 산업을 당연히 하는 것이고, 그것을 운영하면서 다가오는 모든 사람들을 인류의 지도자로 육성시켜야 합니다.

2021.12.10./서경례/반도체공장과 연수원

What should Samsung do for America?(7/15)

People live for a reason, and we must live like human beings for the sake of others. Samsung must recognize that begging is not part of human life, so if you want to help them, you must also provide education.

As soon as you establish a semiconductor factory, set up another small education center next to it. If Samsung also implements character education that systematically teaches how people should live, it will become a model for the entire United States. Samsung does not simply provide good jobs; it will ultimately become the starting point for eliminating homelessness in the United States. If you need new training content, I'm always available to help.

And once again, if Samsung settles in Texas, we will have to pay close attention once again. Mexico lies beneath Texas. Does a Samsung representative know about the refugee parade heading to the United States through Mexico from El Salvador, Honduras, Guatemala, Puerto Rico, and Cuba?

Does Samsung know the reality of this global village where criminal cartels, such as those involved in drug and weapons trafficking, money laundering, kidnapping, and sexual exploitation, dominate all aspects of society, and large-scale refugees are created every year? Samsung may overlook this reality as someone else's problem because it is a semiconductor manufacturing company, but because of this, Samsung will never be able to fulfill its duties.

12.12.2021/Seo Kyung-rye/Things Samsung needs to know

사람은 이유가 있어서 살고 있으며, 우리는 타인을 위해 사람답게 살아야 합니다. 구걸하는 것이 결코 사람으로서의 삶이 아니기에 그들을 돕고자 하면 반드시 교육도 병행되어야 한다는 사실을 삼성은 인식해야 합니다.

이왕 반도체 공장을 설립하는 마당에 그 옆에 자그마한 교육센터 하나를 더 마련한다면 그리고 거기에 사람이 어떻게 살아야 하는지를 다시 체계적으로 가르치는 인성교육을 병행한다면 이는 미국 전체에서도 모범이 될 것이고, 삼성은 단순히 좋은 일자리를 제공하는 것이 아니고, 궁극적으로는 미국의 Homeless 들을 없애는 시발점이 될 것입니다. 교육 콘텐츠가 필요하다면 필자는 도울 수 있습니다.

그리고 다시 하나 삼성이 텍사스에 자리를 잡으면 다시 한번 크게 눈을 돌려야 합니다. 텍사스 밑에는 멕시코가 자리 잡고 있습니다. 엘살바도로, 온두라스, 과테말라, 푸에르토 리코, 쿠바 등에서 멕시코를 거쳐 미국으로 향하는 난민행렬을 삼성 대표자는 아십니까?

마약 무기거래, 자금세탁, 납치, 성 착취, 등의 범죄 카르텔조직이 사회전역을 장악하고 있고, 매년 대규모 난민이 발생하는 이 지구촌의 현실을 삼성은 아십니까?
이러한 현실을 반도체 생산기업이라는 이유로 삼성이 남의 문제로 간과할 수가 있습니다만, 그래서는 삼성은 결코 맡은 바 소임을 다 할 수가 없지요.

2021.12.12./서경례/난민의 행렬이 시작되다.

What should Samsung do for America?(8/15)

The procession of refugees, including those from Honduras who unilaterally announced that they will go to the United States to make a living, must pass through Mexico. They cannot enter America unless they pass through the San Diego border, so they are heading toward Tijuana, the Mexican border.

Therefore, Tijuana is already an area where tens of thousands of asylum seekers are flocking to the United States. Since the United States does not welcome them, they have settled in Tijuana, and people who were expelled from the United States as illegal immigrants are also settling here.

The mayor of Tijuana has come to recognize this phenomenon as the worst and is ultimately requesting support from the Mexican federal government.

12.12.2021/Seo Kyung-rye/Tijuana, a gathering place for refugees

먹고살기 위해 일방적으로 미국으로 가겠다고 통보한 온두라스 등 난민의 행렬은 멕시코를 통과하지 않으면 아메리카 땅을 밟을 수 없으므로 멕시코 국경지대인 티후아나를 향해서 가고 있습니다.

따라서 티후아나엔 이미 수만 명의 미국으로의 난민 신청자들이 몰려들고 있는 지역입니다. 이들을 미국이 반기지 않으므로 그들은 티후아나에 정착했고, 불법체류자로서 미국에서 추방당한 사람들도 역시 여기에 정착하는 사태를 보자 후안 마누엘 가스텔룸 티후아나 시장은 이들을 사막에선 볼 수 없는 최악의 눈사태로 비유하기에 이르렀고 결국 멕시코 연방정부에 지원을 요청하기에 이르렀으니 그 주민들이 좋아할 리가 없는 것입니다.

2021.12.14./서경례/최악의 난민사태는 막이 오르고

What should Samsung do for America?(9/15)

It is natural that their crime problem will also become another social problem.
The United States is deeply troubled by the influx of refugees. What's worse, Samsung knows that the underground tunnels through which illegal refugees are trying to flow into the United States are scaring the United States more seriously than the underground tunnels in North Korea.
Ouch. Cars are even moving in and out, transporting refugees from Mexico to the United States through underground tunnels, and the United States is welcoming unwelcome guests, including drug crimes. The United States and Samsung must join hands after Samsung recognizes this and even recognizes that this is not someone else's problem. If Samsung takes the lead, it will become the protagonist of the Nobel Peace Prize by solving the refugee problem and at the same time leading the way in enriching the world economy.

12.16.2021./Seo Kyung-rye/Knowing America

이들의 범죄 문제 역시 또 다른 사회문제가 되는 것은 당연한 순서가 됩니다. 미국은 미국대로 난민의 유입 때문에 고민이 깊습니다.
오죽하면 북한의 땅굴보다 여기 불법 난민자들이 미국으로 유입하려는 지하 땅굴이 더 심각하게 미국을 놀라게 하고 있다는 사실을 삼성은 알아야 합니다.
심지어는 차가 들락거리면서 난민을 땅굴로 멕시코에서 미국으로 실어 나르고 있고 거기에 마약범죄까지 미국은 반갑지 않은 손님들을 맞이하고 있는 것입니다. 이점을 인식하고 결코 남의 문제가 아니라는 것까지 삼성이 인식한 후 미국과 삼성이 손을 잡는다면 난민 문제를 해결함과 동시에 세계 경제를 풍요롭게 선도해 나가는 노벨평화상의 주인공이 될 것입니다.

2021.12.17./서경례/미국의 고민을 알고

What should Samsung do for America?(10/15)

How can we make this happen?
The Mexican region where refugees are coming from is close to the Texas region where Samsung Semiconductor is established. Think about it. Refugees are coming to the United States because they want to live well by finding food and jobs. Since the United States borders only Mexico to the south, refugees from Cuba, El Salvador, Puerto Rico, Guatemala, and Honduras must pass through Mexico, a geopolitical bridgehead, to come to the United States.

In other words, refugees flowing into the United States must use the Tijuana area, which is the border area between Mexico and the United States, or other border crossings south of Texas. However, due to recent U.S. policies that discourage the influx of illegal refugees, Mexico has now become the largest refugee influx country. The resulting various social and crime problems are also causing difficulties for the Mexican government.

Therefore, if Samsung deals wisely with this issue, it will play a role in solving not only the problems of the United States but also Mexico, which are struggling with refugees.

12.19.2021./Seo Kyung-rye/The problems of U.S and Mexico

어떻게 이를 실현할 수 있을까요?
난민이 들어오는 멕시코 지역은 삼성반도체가 설립되는 텍사스 지역과 가깝습니다.
생각해 보십시오. 난민은 먹을 것과 일자리를 찾아서 잘 살고 싶어서 미국으로 즉 미국과 멕시코의 국경선으로 밀려오고 있는 것입니다.
미국은 위로는 캐나다가 국경을 마주하고 같은 문화를 이루고 있으므로 무리 없이 밀접하게 교류를 합니다.
남쪽으로는 멕시코 국경만을 접하는 관계로 쿠바 엘살바도르 푸에르토리코 과테말라 온두라스 등지에서 미국으로 난민들이 오려 하면 지정학적인 교두보인 멕시코를 반드시 통과해야 합니다.

다시 말하면 미국으로 유입되는 난민은 멕시코와 미국의 국경 지역인 티후아나 지역이나 텍사스 남쪽 다른 국경을 이용해야 합니다
그런데 최근 미국의 정책이 불법 난민들의 유입을 꺼리는 관계로 이젠 멕시코가 난민 최대 유입국이 되었고, 그에 따른 각종의 사회문제와 범죄문제가 또한 멕시코 정부를 힘들게 하고 있는 것입니다.

따라서 삼성이 이 문제를 슬기롭게 다룬다면 이는 난민 때문에 힘들어하는 미국뿐만 아니라 멕시코의 고민도 함께 해결해 주는 역할을 하는 것입니다.

2021.12.20./서경례/미국과 멕시코의 고민

What should Samsung do for America?(11/15)

Then, let your imagination go wild. Imagine establishing a huge industrial complex next to Tijuana or under Texas near the US border, without having to come all the way to the US border. Korea must leverage its experience of establishing the Pyeongtaek Industrial Complex and Incheon Industrial Complex on a larger scale. Korea's 3D industry must move to these regions.

Representatives of Korea's 3D industry and young people should also be dispatched to help them. And many refugees come in search of work. If we teach them skills and at the same time pay them living expenses, their food problems and jobs will be solved. At the same time, what we must not forget is to educate them so that they can live like human beings.

Korea was the most underdeveloped region in the world immediately after World War II. We must remember that Korea was able to become the cutting-edge country it is today thanks to systematic education, including technical education. Korea only leaves character education for last.

Of course, these projects require huge funds. Samsung doesn't have those funds. Therefore, we need to plan these policies for the U.S. administration and the world's rich people. Also, it is impossible to understand these things without bearing in mind the historical mission of the United States, the president and administration, and the rich people of each country.

If we present a holy and grand plan for humanity and solving the refugee problem, rich people in each country will be willing to give up their accumulated funds. Korea and the United States will use their funds interest-free for 30 years and provide them with a return on investment, giving them the joy of a rewarding life and the joy of being the winners of the Nobel Peace Prize.

12.20.2021./Seo Kyung-rye/The winner of The Nobel Peace Prize.

그럼 여러분의 상상력을 크게 끌어올려 보시기 바랍니다.
미국의 국경까지 오지 않아도 되는 멕시코 땅 중에서 미국의 국경 가까이에 있는 티후아나 옆이나 텍사스 밑의 멕시코 땅에 거대한 공단을 설립하는 것을 상상해 보십시오. 한국은 평택공단 인천공단 등을 설립한 경험을 이번엔 스케일을 크게 해서 살려야 하는 것입니다.

한국의 3D업종은 이들 지역으로 옮겨와야 합니다. 한국의 3D업종의 대표자들도 젊은 청년들도 파견되어 이들을 도와야 합니다. 그리고 일을 찾아서 오는 많은 난민들은 이들에게 기술을 가르치면서 동시에 이들의 생계비를 지급하면 바로 먹는 문제와 일자리가 해결이 되는 것입니다. 동시에 잊지 말아야 하는 것은 이들을 교육시키는 것입니다.

대한민국은 2차대전 직후엔 세계에서 가장 낙후한 지역이었습니다. 그런 한국이 지금의 첨단 국가가 될 수 있었던 것은 기술교육을 비롯한 체계적인 교육이 있었음을 반드시 상기해야 합니다. 한국은 마지막으로 인성교육만을 남겨 놓고 있습니다.

물론 이러한 프로젝트는 거대한 자금을 필요로 합니다. 삼성은 그러한 자금을 가지고 있지는 않습니다. 따라서 이러한 대안을 미국 행정부와 세계의 부자들에게 기획을 해주는 일을 해야 합니다. 또한 이런 일들이 역사적인 사명을 가슴에 장착하지 않고서 미국의 대통령과 행정부와 각국의 부자들을 설득할 수는 없습니다.

인류를 위하고 난민문제를 해결하는 거룩하고 원대한 기획을 제시한다면 각국의 부자들은 그동안 쌓아두었던 그들의 자금을 기꺼이 내놓을 것이며, 한국과 미국은 30년 거치 무이자로 이들의 자금을 사용하면서 그들에게 보람된 삶의 희열과 노벨 평화상의 주인공이라는 기쁨을 안겨 줄 것입니다.

2021.12.21./서경례/부자들을 노벨평화상 수상자로

What should Samsung do for America?(12/15)

The problem of selecting an area is to move away from the area teeming with refugees and select a useless desert area. We need to develop it like a developed industrial city in Korea, but do it by purchasing all the land at a low price. When starting this work, we must have the help of the United States, which has close ties with Mexico.

Korea's outstanding talents have practiced and prepared in Korea for this project. In addition, developing a city necessarily requires abundant water. Because their technology is excellent in this matter as well, they have worked hard and accumulated experience in the Middle East in the desert to build a new paradise by drawing in the region's insufficient water.

The new area will be safely protected as a gun-free area like Korea, and livelihood issues will be solved at the same time as education is provided. Korea, the United States, and Mexico select each working-age population who will be responsible for a family's livelihood and guide their values and lives.

They should be taught 3D industry technologies first, rather than cutting-edge technologies or studies that deal with extremely difficult problems. In addition, while teaching basic human etiquette, we must also teach the principles of living our lives with value.

12.23.2021./Seo Kyung-rye/How to live our lives?

지역을 선정하는 문제는 난민들이 바글거리는 지역에서 조금 벗어나서 쓸모없는 사막지역을 한국의 발달된 공업도시처럼 개발을 하되 저렴하게 땅을 모두 매입해서 추진을 해야 합니다. 이러한 일을 시작할 때에는 멕시코와 긴밀하게 인연을 가지고 있는 미국의 도움이 반드시 있어야 합니다.

한국의 뛰어난 우수한 인재들은 지금의 이러한 프로젝트를 위해서 한국에서도 연습한 것이고, 준비되어 있었습니다. 또한 도시를 개발하는 일에는 반드시 풍부한 물이 필요한 법인데 한국은 이 문제에서도 기술이 탁월하기에 그 지역의 부족한 물을 끌어와서 새로운 낙원을 건설하려고 지금까지 사막에서 중동에서 땀 흘려 일을 하고 경험을 축적했었던 것입니다.

새로운 지역은 한국처럼 총성이 없는 지역으로 안전하게 보호될 것이며, 또한 교육받음과 동시에 생계문제가 해결될 것이기에 한 가정의 생계를 책임질 노동 가능 인구 하나씩 선별하여 이들의 가치관과 인생을 지도해 나가는 것입니다.

이들에겐 첨단의 기술이나 너무 어려운 문제를 다루는 학문보다는 3D업종의 기술과 글자와 사람으로서의 예의를 가르치면서도 우리들 삶이 가치있게 살아야 하는 원리를 함께 가르쳐야 하는 것입니다.

2021.12.22./서경례/지역선정 후 땅 매입하고

What should Samsung do for America?(13/15)

When various products begin to be produced, their consumption must be consumed nearby, and Samsung, our strong ally, is located in Texas. And the area around Tijuana is an area where inexpensive products are sold and digested well. Texas, Mexico and South America will be great markets for these products and will also improve their economic power.

There is no need to export it far away.
In addition, when not only Samsung but also Korean companies, including Samsung, begin to pursue historic events like this, they will soon become known throughout the world. Promotion occurs naturally as you work.

We need to start providing technical education for refugees on a scale from Seoul to Daejeon in Korea and provide them with education and housing first. Not only does it provide a place to work and live to maintain a family, but it also cultivates the beauty of the region, just like in Korea.

The goal is to create a safe, drug-free area like Korea, where none of the residents carry guns, making it a safe area even at night. Foreigners have a hard time imagining safe streets and cities even in the middle of the night. But in reality, Korea is the safest place on earth, even at night. Using Korea as a model, Samsung can create a new city of its dreams.

12.24.2021./Seo Kyung-rye/Just like Korea

각종 물건이 생산되기 시작하면 이들의 소비는 반드시 인근에서 소비 되어져야 하는데 바로 우리들의 든든한 우군 삼성이 텍사스에 있다는 사실입니다. 텍사스와 멕시코와 남미 지역은 이러한 생산품을 소비할 수 있는 훌륭한 시장이 될 것이고 또한 그들의 경제력을 향상시킬 것입니다.

먼 곳까지 수출할 필요가 없는 것입니다. 또한 삼성뿐만이 아니라 삼성을 비롯한 대한민국의 기업들이 이렇게 역사적인 일을 추진하기 시작하면 어느새 세계 여러 곳에 알려지기 시작하면서 자연스럽게 홍보가 될 것이기에 이들이 생산한 물건들은 인근에서 모두 소비될 수가 있습니다. 대한민국의 서울에서 대전까지 정도의 크기를 가지고 난민을 위한 기술교육을 시작하고 이들에게 교육과 먹을 것과 가정을 유지할 수 있는 삶의 터전을 함께 제공할 뿐만 아니라 지역의 아름다움을 한국처럼 잘 가꾸어 나가는 것입니다.

안전하고 마약이 없는 지역으로 주민은 모두 총을 소지하지 않으면서 밤에도 안전한 지역을 만들어 가는 것입니다. 외국인들은 심야에서도 안전한 길거리와 도시를 상상하기 힘들어 하지만 지구상에서 실제로 대한민국은 밤거리에도 안전합니다. 이런 대한민국을 모델로 해서 얼마든지 만들어 갈 수가 있습니다.

2021.12.25./서경례/대한민국이 모델국가

What should Samsung do for America?(14/15)

What people who make a living by dealing drugs and patients who consume drugs have in common is that it is the best way to live for them. If there was a better way to live, they wouldn't choose it either. If a place is good enough for Mexicans to not have to go to the US as illegal immigrants and live there, they won't bother the US border.

How should intellectuals of this era, who have studied human respect, interpret the fact that on one side of the heavily guarded border between the U.S. and Mexico, one side is a gloomy area full of beggars, and on the other side, beggars live like ordinary Americans?

They are ignorant, so if you leave them alone or say there is no way, you have already lost your qualifications as an intellectual.

In addition, do you know that America is increasingly being strangled by becoming a den of uneducated drug criminals?

This is also spreading to Korea. The spread of coronavirus is not just a virus problem. When we expand our perspective and see a person as a virus-like cell, if the damaged cells are not treated, it is as if the healthy cells are also attacked.

12.27.2021./Seo Kyung-rye/Intellectual qualifications

마약을 거래해서 삶을 유지하는 사람이나 마약을 소비하는 환자들이나 그들은 하나 공통점은 그들 나름대로 그것이 그들에겐 최선의 삶의 방편이라는 것입니다. 만일에 더 좋은 방법이 있다면 누구든지 그것을 선택하지는 않습니다. 멕시코에서 땅굴을 파서 불법체류자 상태로 미국으로 건너가서 살지 않아도 될 만큼의 좋은 곳이 생긴다면 그들이 미국의 국경선을 괴롭히지는 않는다는 사실입니다.

삼엄한 미국과 멕시코 국경선을 사이에 두고 한쪽은 구걸자들이 만연한 암울한 지역이고, 한쪽은 구걸하는 이들에겐 그림의 떡 미국인으로 살아간다는 것을 인간존중을 공부한 이 시대의 지식인들이 어떻게 해석해야 하겠습니까?

그들은 무식하고 원래가 저러하니 그냥 내버려두거나 방법이 없다고 말한다면 그것은 이미 지식인의 자격을 상실한 것입니다. 뿐만 아니라 점점 더 미국을 교육이 없는 마약범들의 소굴로 물들이면서 목 조여 온다는 사실을 아시는지요?

이는 바로 대한민국에도 같이 전염됩니다. 코로나 바이러스의 전염은 비단 바이러스의 문제가 아닙니다. 시야를 확장해서 사람을 하나의 바이러스 같은 세포로 볼 때 상처 입은 세포를 치료하지 않으면 건강한 세포도 공격을 받은 것과 같은 이치입니다.

2021.12.28./서경례/미국과 멕시코의 골칫거리

What should Samsung do for America?(15/15)

We must now turn our attention to global problems.
We need to know exactly the causes of global conflict. Approaching these problems without knowing the cause is like a moth jumping into a fire.

With Samsung establishing a factory in Texas, it would not be difficult to set up a training facility right next door. It is possible if Samsung Lee Jae-yong has the will, but the meaning is truly great.

Intellectuals can start a new world so that humans can escape the obsession with material things, which is the nature of beasts, and live a life of respect for others as holy people. The Republic of Korea can return to America all the favors it has received by playing its role in bringing glory to the United States once again and illuminating its great name to the world.

If we abandon this historical mission and simply build a factory to produce only semiconductors, the achievements of Biden and Lee Jae-yong of Samsung will not be recorded in history. I hereby state that it is the truth.

12.30.2021./Seo Kyung-rye//Give back to graces

우리는 이제 세계적인 문제에 눈을 돌려야 합니다. 우리는 세제적 갈등의 원인을 알아야 합니다. 이러한 문제의 원인을 모르고서 다가가는 것은 마치 나방이 불에 뛰어드는 것과 같은 이치라고 할 수 있습니다.

삼성이 이번 텍사스에 공장을 설립하면서 바로 옆에 교육할 수 있는 시설을 마련하는 것은 어려운 일이 아닙니다. 삼성 이재용의 의지만 있으면 가능한 일이지만 그 의미는 참으로 대단한 것입니다.

동물과 사람의 중간 존재인 인간이 짐승의 본성인 물질에의 집착을 벗어나서 거룩한 사람으로서의 타인을 존중하는 삶을 살아갈 수 있도록, 지식인은 새로운 세계를 미국에서 시작할 수 있습니다. 대한민국은 미국을 다시 한번 영광스럽게 세계에 그 위대한 이름을 빛내는 역할을 함으로써 지금까지 받아 온 모든 은총을 다시 돌려줄 수 있는 다시없는 좋은 기회임을 우리는 알아야 할 것입니다.

이러한 역사적 사명을 버려두고 그저 공장만을 지어 반도체만 생산한다면 미국 바이든과 삼성 이재용의 업적은 역사에 기록되지 못한다는 진리를 여기에 놓아 드립니다.

2021.12.30./서경례/역사적인 사명을 실천하는 세대

The sound of fall coming   가을이 오는 소리

I guess fall is coming!
My heart is already pounding
How did you spend it?
Did you think about me?

I lightly decorated my hair
with the cosmos you sent me.
I wave the heart you gave me
and wear it in a pretty dress,

For the day when you come
For you walking through fall
I will not forget and wait
for you today as well.
Because I'm your princess!

2019.08.05./Seo Kyung-rye/ I am your princess

가을이 오려나 봐요!
벌써 가슴이 두근두근
당신은 어찌 보냈을까?
내 생각은 하셨을까요?

살짝궁 보내 준 코스모스는
하늘하늘 머릿결에 장식하고
당신께서 보내 준 마음자락은
휘둘러 어여쁘게 드레스입고

우리 님이 다가오는 그날을 위해
가을 속을 걸어오는 당신을 위해
오늘도 잊지 않고 기다립니다.
나는 당신의 공주니까요!

2019.08.05./서경례/ 나는 당신의 공주입니다.